सोच बदलो...
ज़िंदगी खुद बदल जाएगी

गुरमीत मल्होत्रा

दिल्ली-110089, (भारत)

प्रथम संस्करण : 2021
ISBN : 978-93-90889-74-7

मूल्य : 250/-

आवरण : ज्योति

सोच बदलो ज़िंदगी खुद बदल जाएगी
-गुरमीत मल्होत्रा

Soch Badlo Jindagi khud badal jayegi
-Gurmeet Malhotra

Published by
PRAKHAR GOONJ PUBLICATION
H-3/2, Sector-18, Rohini, Delhi-110089
Email : prakhargoonj@gmail.com
sinha.neelu123@gmail.com
Ph. : 7982710571, 7838505899, 011-42635077
web : prakhargoonjpublications.com

दो शब्द

मैं, गुरमीत मल्होत्रा, दिल्ली की निवासी हूँ। एक गृहणी होने के साथ साथ एक कलाकार भी हूँ। कला से मेरा संबंध बचपन से ही रहा है। पिछले कुछ सालों से संगीत और नृत्य की शिक्षा से जुड़ी हूँ। इस का मुझे बहुत फायदा हुआ। कई मौके मिले जब मैंने कविताएँ लिखने का प्रयास किया। अपनी बात को लोगों तक किस तरह पहुँचाया जाए ताकि वो उनके दिलों को छू जाए, ये सीखने को भी मिला। लॉकडाऊन से पहले कभी कबार ही कुछ लिख पाती थी, परंतु लॉकडाऊन के समय में अतिरिक्त समय मिलने से लिखना दोबारा आरंभ हुआ।

उस समय की नाज़ुकता अनुसार लिखना आरंभ हुआ। मुझे इसका बिल्कुल अंदाज़ा नहीं था कि ये एक नई शुरुआत थी। कभी ख़्वाब में भी नहीं सोच था कि एक दिन ऐसा भी आएगा जब मेरी लिखी बातें एक किताब की शक्ल इख़्तियार करेंगी।

जब समाज में ऐसी हवा चल रही हो कि हर व्यक्ति किसी न किसी मुश्किल या तकलीफ से घिरा हो, और आप चाह कर भी उसकी मदद के लिए उस तक नहीं पहुँच पा रहे हो। ऐसे कठिन वक़्त में आपके कहे कुछ प्रेम भरे और सांत्वना भरे शब्द उसे उस दुःख से उभरने में सहायक होते हैं। एक ऐसी ही सोच से मैंने लिखना आरंभ किया था। जी हाँ, लॉकडाऊन का वो अत्यंत कठिन समय जब हर कोई अपने अपने घरों तक सीमित हो गया था। उस वक़्त में एक डिप्रेशन का माहौल था। उस वक़्त की नाज़ुकता को समझते हुए अपनी कविताओं द्वारा एक सकारात्मक सोच को लोगों तक पहुँचाने की मेरी ये एक कोशिश थी।

मैंने कुछ कविताएँ लिखी, लेख भी लिखे। मेरा उद्देश सकारत्मक सोच को बढ़ावा देना था। इसी को ध्यान में रखते हुए मैंने कविता लिखना आरंभ किया था। मेरी सोच और मेरे अनुभवों का संग्रह है ये कविताएँ, सरल शब्दों में अपनी बात कहने की एक कोशिश हैं। अपने यूटूब चैनल पर जब मैंने इन कविताओं को अपलोड किया तो लोगों ने उसकी प्रशंसा करनी शुरू की, इस से मेरी हिम्मत और बनी। फिर ये एक ना रुकने वाला सिलसिला बन गया।

मेरी ये कविताएँ यदि किसी के भी जीवन में सुकून ला सकीं तो मेरी ये कोशिश सफल होगी। मुझे पूरी उम्मीद है कि मेरी इस किताब को पढ़ने वाला व्यक्ति एक सकारात्मक सोच को ज़रूर अपनाएगा।

मेरे इस सफर में मेरे परिवार ने मेरा बहुत साथ दिया है। इसके माध्यम से मैं हर उस शख़्स का धन्यवाद करना चाहूँगी जो इस किताब को लिखने में मेरी प्रेरणा बनें।

अनुक्रमणिका

विचार

एक कलम गुलाब की

उसके तन के एक हिस्से को कर दिया मैंने उससे जुदा,
फिर भी चेहरे पे मुस्कान की कैसी थी उसकी ये अदा।
शायद उसे भी इस बात का इल्म होगा,
उसके तन से जुदा होकर भी कहीं कोई गुलाब ज़रूर खिला होगा।।

मेरे दिए दुःख की ना थी उसके चेहरे पर कोई शिकन,
सोचने लगी मैं कि क्या सोचता होगा उसका मन।
पर ये देख मुझे अपनी ही सोच बहुत कम नज़र आने लगी,
खुशियाँ बांटने के लिए त्याग करना, ये था उसका असली फन।।

कांटों के बीच रहकर भी चेहरे पे उसके रहती है सदा मुस्कान,
इससे बड़ा सबक भी क्या कोई सीखा सकता है तुझे, ए इंसान।
छोटी छोटी कमियों पर भी कितना बिख़र जाता है हमारा मन,
एक पल सोच के तो देखो, कांटों से घिरा रहता है सदा इसका तन।।

प्रेम का है ये प्रतीक और पूजा में भी है इसका एक उत्तम स्थान,
एहमियत का अपनी फिर भी ना है कोई घमंड और ना ही कोई गुमान।
इसकी खिली मुस्कान से खिल जाता है सबका मन।
खुशबू से इसकी महक जाता है सारा आलम और दूर हो जाते हैं ग़म।।

ठान ली है मैंने भी अब एक बात,
इस एक कलम से उगाऊंगी कई सारे गुलाब।
इनके माध्यम से पहुँचाऊंगी सारी दुनिया में ये बात
कांटों के बीच रहकर जब मुस्कुरा सकता है गुलाब,
तो क्यूं ना मुस्कुरा कर करें हम भी जीवन नैया को पार।।

खुशी एक चुनरी की

बिना निमंत्रण के आकर तेज हवा ने,
सब कुछ इधर उधर बिखेर दिया।
आँखें खुले रहने की नाकाम कोशिश करती,
और धूल मिट्टी ने उड़ना शुरू कर दिया।।

इस बिन बुलाए मेहमान से सभी परेशान थे,
इसके आने से दरवाज़े खिड़की भी बेलगाम थे।
ज़ोर-ज़ोर से बज कर अपनी नाराज़गी दिखा रहे थे,
उस तेज आँधी को वो भी मुंह चिढ़ा रहे थे।।

दूर एक तिरछी निगाह दौड़ाइ तो नज़र पड़ी,
एक चुनरी इस तेज हवा में बदहवास लहरा रही थी।
बेपरवाह सी अपनी पूरी मस्ती में वो झूमे जा रही थी,
उसके इस रूप को देख आसमान भी बूँदे बरसा रही थी।।

मैं सोचने लगी, कहीं इसी के निमंत्रण पर तो ये हवा नहीं आई,
मुमकिन है, उसकी तड़प ही इसे इस ओर खींच लायी।
इस चुनरी की भी अपनी कोई कहानी होगी,
इस तरह लहरा कर जो, उसे सुनानी होगी।।

ये भी हो सकता है कि एक जगह पड़ी पड़ी थक गयी होगी,
लहराने और नाचने की उसकी इच्छा कहीं मुरझा रही होगी।
बिन हवा के वो कैसे नृत्य करती,
बिन हवा के वो कैसे हलचल करती।।

हवा की दिशा में वो बस उड़ना चाहती थी,
उसके दिए आदेश पर वो बहना चाहती थी।
हवा के प्रति, ये था उसका पूर्ण समर्पण,
इस एक पल को जीना चाहता था उसका कण कण।।

उसकी ख़ुशी का कोई ठिकाना ही नहीं था,
आस पास की तबाही से उसे कुछ लेना देना ही नहीं था।
अपनी इच्छा के पूरे होने पर वो बहुत खुश थी,
कुदरत की मेहरबानी से वो बहुत तृप्त थी।।

मेरी चाल थोड़ी धीमी है

बड़ी तेजी से बदला है ज़माना,
याद है मुझे, आज भी वो ज़माना पुराना।
मेरी चाल थोड़ी धीमी है...
शायद इसलिए ना भूल पाया वो गुज़रा ज़माना।।

वक़्त अपने वक़्त से आगे चल रहा है,
उसी दुगनी तेजी से इंसान भी चल रहा है।
मेरी चाल थोड़ी धीमी है...
जो दोनों के पल पल बदलते मिजाज़ को देख रहा है।।

तेज आंधियों ने बिख़रे रिश्तों को उड़ा दिया,
मैं पतझड़ के सूखे पत्ते सा आज भी वहीं खड़ा हूँ।
मेरी चाल थोड़ी धीमी है...
इसलिए यादों की दहलीज़ पर आज भी तन्हां खड़ा हूँ।।

सफलता के शिखर पर पहुँच गए कई,
ऊँचाइयों से सारी दुनिया छोटी नज़र आती है।
मेरी चाल थोड़ी धीमी है...
सफलता की सच्चाई देख, मुझे सफलता खोटी नज़र आती है।।

तेज कदमों से मंज़िल की तरफ, जाने वालों को देखा है मैंने,
अपने कदमों तले बहुत कुछ कुचल, चल देते हैं।
मेरी चाल थोड़ी धीमी है...
अपनी सोच में हम, ये बेरुखे नियम को बदल लेते हैं।।

हिम्मत और होंसलों से भरपूर है मेरा मन,
जोश और उमंग की भी कोई कसर नहीं।
मेरी चाल थोड़ी धीमी है...
पर उड़ान भरने के लिए मुझे पैरो की ज़रूरत नहीं।।

सच्चाई और विश्वास की चाल भी तो धीमी होती है,
मेहनत के फल की रफ्तार भी तो धीमी होती है।
धीमे धीमे ही होते हैं सारे अच्छे काम,
सच कह गए विद्वान, जल्दी जल्दी करने से बिगड़ते हैं सारे काम।।

मेरी धीमी चाल को देख, मेरी तेजी का अंदाज़ा न लगाना,
चाल मेरी चाहे जैसी भी हो, यकीन है लेकिन भुला न पाएगा ज़माना।
अपने कदमों के ऐसे निशान छोड़ जाएँगे,
यादों में चाहने वालों के सदा मुस्कुराएंगे।।

दिन और रात

मुर्गा चाहे बांग दे या नहीं,
अपने समय पर वह उजागर हो जाता है।
उसके तेज से रोशन हो जाता है जहां,
एक नया सवेरा सबको जगा देता है।।

उसके तेज से धरती का कण कण खिल जाता है,
पंछी चह चहाने लगते हैं और हर फूल मुस्कुराता है।
ताज़गी और उमंग फैल जाती है सब तरफ,
नई चुनौतियों को झेलने, हर कोई तत्पर हो जाता है।।

खुद को जलाकर, दूसरों को जीवन देना,
ऐसा हुनर सबको कहां आता है।
उसकी रोशनी से नज़रें मिलाने का साहस,
इसीलिए कोई नहीं कर पाता है।।

पूरे ब्रहमांड में उस जैसा कोई नहीं,
अपने भीतर इतनी अग्नि लेकर भी वो मुस्कुराता है।
उसकी तेज रोशनी में उसका अपना अक्स भी,
पिघला पिघला सा नज़र आता है।।

खुद को अपनी ही अग्नि में झुलसाकर,
वह भी तो थक जाता होगा।
कुछ पल का विश्राम, कुछ पल का आराम,
उसका मन भी तो चाहता होगा।।

उसकी इस बेचैनी को कहीं कोई ज़रूर महसूस करता होगा।
उसके करीब जाने के अपने वक़्त की राह भी तकता होगा।।

दबे कदमों से शाम उसकी ओर चलने लगती है,
अपनी ठंडक से उसे थोड़ा निर्मल करने लगती है।
उसकी इस ठंडक को वो भी महसूस करने लगता है,
इस नर्मलता को पाकर वो, अपनी गर्मी कम करने लगता है।।

उसका सुकून उसके हल्के रंग में नज़र आता है,
अग्नि का रूप, प्रेम के सुनहरी रंग में बदल जाता है।
जैसे जैसे शाम उसे अपनी आगोश में लेती है,
वैसे वैसे उसका रूप और निखरता जाता है।।

उनके मिलन से सब कुछ अति मन मोहक हो जाता है
इस दृश्य में दोनों का पूर्ण समर्पण भी उजागर हो जाता है।

जो कुछ पल पहले, उससे नज़रें नहीं मिला पाता है,
उसे अब उसका पूर्ण स्वरूप नज़र आता है।
प्रेम सबको कितना निर्मल और खूबसूरत बना देता है,
और अग्नि सबको कितना दूर कर देती है,
ये सबक भी तो ये मंज़र सिखाता है।।

ये प्रेम ही तो उसे हौंसला देगा,
अपने सफर के अगले मुकाम तक जाने का।
जुट जाएगा फिर वो अपने काम में,
जो है, धरती पर खुशहाली लाने का।।

पलकों तले

पलकों तले ख़्वाबों की एक दुनिया होती है,
जहाँ हर पल एक नये ख़्वाब की ताबीर होती है।
बहुत सारे ख़्वाबों में से कुछ ही पूरे हो पाते हैं,
कुछ ही वो खुशनसीब हैं जो अपनी मंज़िल को पाते हैं।।

ख़्वाबों की किस्मत में हो शायद टूट कर बिख़रना,
फिर भी किसी से कहाँ छूटता है ख़्वाबों को देखना।
जितने ख़्वाब टूटेंगे उतने ही नये ख़्वाबों का जन्म होगा,
सारे न सही पर कोई तो ख़्वाब पूरा होगा।।

मेरी पलकों तले आज भी एक ख़्वाब रहता है,
बीच बीच में जागता है और अंगड़ाई भरता है।
याद दिलाता है मुझे हर पल एक बात,
अपने पूरे होने का आज भी वो इंतज़ार करता है।।

आधा अधूरा सा कभी, तो कभी उलझा सा वो दिखता है,
कई कोशिशों की थकान का असर भी कहाँ छुपता है।
उम्मीद का दामन आज भी हाथों में उसके रहता है,
कई बार छलकाने की कोशीश की, पर आज भी वहीं बसता है।

मेरे ख़्वाबों ने शायद, वहाँ अपना घर बना लिया होगा,
अपने मुकम्मल होने का एक ख़्वाब, शायद उसने भी पाल लिया होगा।
अब तो उलझन और भी बढ़ गई होगी,
कि किसकी कोशिश काम कर रही होगी।।

इस ख़्वाब के पूरे होने का समा भी क्या सुहाना होगा,
एक साथ दो ख़्वाबों की कोशिश का ये फसाना होगा।
अगर मेरे ख़्वाब ने अपने पूरे होने का ख़्वाब न देखा होता,
तो शायद मेरा ये ख़्वाब कभी पूरा ना होता।।

मेरा सुख

क्या मेरा सुख केवल स्वयं को खुश रखना है।
इस एक प्रश्न को मुझे वक़्त रहते हल करना है।।
स्वयं को खुश रखने की ज़रूरतें क्या होती हैं।
रोटी, कपड़ा और मकान, क्या ये तीन चीज़ें काफी होती हैं?
पर जिनके पास ये सब है, वे भी तो खुश नज़र नहीं आते।
इन सब के बावजूद वे खुद को दुःखी ही बताते।।
इन तीन चीजों से ही केवल नहीं चलता सबका काम।
इसलिए लालच और ख़्वाहिशों को भी दे देते हैं ख़ुशी का नाम।।
सुख भी सुख तब होगा, जब आस पास भी कोई सुखी होगा।
दूसरों के दुःख के बीच भी, क्या कोई खुद को सुखी महसूस कहता होगा।।
सुख तो है एक वरदान, मिलता है उसे,
जो दूसरों का जीवन करता है आसान।
सुख की तो है केवल एक परिभाषा,
'सुखी होगा वो इंसान, जो देगा उदास चेहरों को मुस्कान'।।

कुदरत एक वरदान

प्रकृति का है कर्ज़ हम सब पर,
चुकाना होगा इसे हमें जीवन भर।
अमूल्य वरदान मिले है इस प्रकृति से हमें,
अगली पढ़ी को लौटानी है ये धरोहर।।

पेड़, पौधे, जल, फल, फूल और हवा,
पशु, पक्षी, नीला आसमां और ये धरा।
इन सब को पाया है बिना मूल्य,
इनसे ही मनुष्य जीवन खुशहाली से है भरा।।

सूरज की रोशनी का कोई विकल्प नहीं,
वर्षा की एहमियत का भी है अंदाज़ा तुझे।
इंद्रधनुष की खुबसुरती भी है लाजावाब,
कुदरत की मेहरबानियों का भी है अंदाज़ा तुझे।।

करो सम्मान और सुरक्षा इन सब की,
है ये जिम्मेदारी हम सब की।
ना बचा पाए यदि इस धरोहर को,
पूछेगी तब सवाल तुमसे आने वाली पीढ़ी भी।।

ना रही खुशहाली, तो ना रहेगा जीवन,
कुदरत के कहर को झेलना होगा तब सबको।
इन्हें खो देने की करो ना गलती,
इन्हें खोने का मूल्य चुकाना होगा हम सबको।।

अब भी वक़्त है संभल जाइये,
ना करें तिरस्कार, ना करें अपमान।
स्वस्थ और खुशहाल जीवन नहीं मुमकिन,
यदि ना मिला कुदरत को उसका उचित सम्मान।।

जीवन का सच

जब जब जो जो होना है,
तब तब सो सो होता है।
जो हैं पास तेरे उसकी ख़ुशी मना,
जो नहीं है क्यों उसको रोता है।।

जब जब दीपक जलता है,
तब तब अंधेरा सोता है।
जो है, वो केवल आज में है,
कल की चाह में आज को क्यों खोता है।।

ग़म हो चाहे हो ख़ुशी,
आँखों में दरिया सदा रहता है।
ख़ुशी मिलने पर छलकता है,
तो दुःख में, सारे बांध तोड़ बहता है।।

जीवन उसी का सार्थक होता है,
जो दूसरों के जीवन में ख़ुशी के बीज बोता है।
अपने कर्मों का नाप तोल रखने वाला ही,
अपनी अंतिम नींद चैन से सोता है।।

रहम करो भगवान

रहम करो भगवान,
संकट में है इंसान।
तेरे सिवाए नहीं कोई और,
जो कर दे इस मुश्किल को आसान।।

हो गए सभी एक समान,
क्या अज्ञानी क्या विद्वान।
मिट गए फर्क सभी,
क्या अल्लाह क्या भगवान।।

थाम लो हाथ सभी का,
बन जाए एक अटूट निशान।
बन जाए सहारा किसी का,
करें सही मूल्यों का सम्मान।।

ईश्वर अल्लाह वाहेगुरु,
एक रूप के इतने सारे नाम।
इन सब का स्वरूप ही है इंसान,
इस सच्चाई का करो सदा सम्मान।।

तेरा द्वार ही है असली मुकाम,
समझ गया है अब इंसान।
तेरे एक इशारे ने ही तो,
दिया है मनुष्य को ये ज्ञान।।

अपनी जीवन नैया को कर लो थोड़ा हल्का,
क्यों ढोह रहे फिजूल के सामान।
नफ़रत, लालच, घमण्ड और अभिमान,
इनसे मुक्त हो कर ही तर पायेगा इंसान।।

और कितना बदलना है खुद को?

अनुभवों के दायरे उम्र के साथ बढ़ तो गए हैं,
फिर भी करते वही हैं, जो आदतों में बस गए हैं।
समझ और आदतों में सामंजस बैठाना है मुझको,
ना जाने अब और कितना बदालना है खुद को।।

गुस्सा करना बुरी बात होती है,
इससे दिलों में नफ़रतों की दीवार खड़ी होती है।
इस से निज़ाद पाने की हर कोशिश करनी है मुझको,
सब्र और प्रेम का हो व्यवहार, इतना ज़रूर बदलना है खुद को।।

सही कहा है किसी बुद्धिजीवी ने,
नेकी कर और दरिया में डाल उसको।
अपनी नेकी का बखान क्यों करना है तुझको,
चुपचाप करता चल नेकियों के काम, इस बदलाव पर भी अमल करवाना
है खुद को।।

सोच और भावनाओं पर वश नहीं है मेरा,
बेलगाम दौड़ती हैं, करती है परेशान मुझको।
एक लगाम इन्हें भी तो लगानी होगी,
दुःख की वजह रहेंगी सदा, यदि ना होगी पता अपनी हद इसको।।

शब्दों और कर्मों का हिसाब तो होना ही है एक दिन,
जानकर भी अंजान बने रहना, कौन सिखाता है ये हमको।
लेना होगा संकल्प अपने शब्दों और कर्मों को सयंम में रखने का,
देगा सुकून और आराम, गर इतना ही यदि बदल पाए हम खुद को।।

मेरी बात

चलते चलते रुक गया हूँ मैं,
शायद अब कुछ थक गया हूँ मैं।
दिल पर कोई बोझ तो नहीं?
इसी एक उलझन में खो गया हूँ मैं।।

जिस मुकाम पर आज खड़ा हूँ मैं,
बहुत सी बातें निरर्थक लगने लगी हैं।
वक़्त ने बहुत कुछ छुड़वा दिया,
अब किन बातों को लिए बैठा हूँ मैं।।

शरीर के पुर्ज़े भी अब जवाब देने लगे हैं,
अब तक साथ निभाया है इन्होंने मेरा।
अपनी एक्स्पाइरी डेट की तरफ बढ़ रहे हैं,
उनकी वफ़ादारी को सलाम है मेरा।।

अच्छे सच्चे साथियों का मिला संग,
उन पलों को आज भी संजोए बैठा हूँ मैं।
यादों और बातों का बोझ भी हो जायेगा कम,
वक़्त के हाथों खुद को सौंप बेठा हूँ मैं।।

चलते चलते कहना चाहता हूँ एक बात,
उम्मीद है पसंद आयेगी आपको मेरी ये बात।

ख़्वाहिशों के समंदर में ज़्यादा गहरे मत उतर जाना,
हकीक़त की सतह पर आना होता है एक दिन।
ज़िंदगी छोटी हो चाहे हो बड़ी,
इसे अलविदा तो कहना होता है एक दिन।।

खेल की दुनिया

इस खेल की दुनिया में है आप सबका स्वागत।
आके ले लो इसमें से अपने हिस्से की दौलत।।

बचपन की जब भी आती है याद,
सब से पहले आता है गिल्ली डंडे का ख़्याल।
कब्बडी और खो खो भी होंगे सभी को याद,
छुपन छुपाई में पकड़े जाने पर लेते थे ज़ोर से सबके नाम।

वक़्त के साथ हुआ नए नए खेलों का आविष्कार,
इसमें जुड़े कई सारे नए नए नाम।
फुटबॉल और बास्केट बॉल भी है गज़ब ये माना,
बॉक्सिंग और मार्शल आर्ट भी है दमदार।।

खेलोगे चैस तो खुलेंगे दिमाग के दरवाज़े,
खेलोगे क्रिकेट तो कहलाओगे नवाज़ादे।
सीखेंगी कराटे और सेल्फ डिफेंस के आर्ट,
तो कर पाएंगी लड़कियाँ अपनी सुरक्षा अपने आप।।

तलवार बाज़ी और घुड़सवारी को कैसे भूल गए जनाब,
बैडमिंटन की पी वी सिंधु और साइना नेहवाल ने बढ़ाई शान।
कुश्ती में भी तो दिया सबको पछाड़,
देखता रह गया ज़माना हम बढ़ चले अपना सीना तान।

दौड़ की जब जब होगी बात,
याद आयेगा मिल्खा सिंग और पी टी ऊषा का कमाल।
अब तो जिम्नेस्टिक में भी हमने बनाये नये कीर्तिमान,
दीपा करमाकर ने थामी थी ये कमान।।

इस मौके पर यदि ना लिया नीरज चोपड़ा का नाम,
तो नहीं मिलेगा मेरी इस कविता को उसका सम्मान।
उनकी सफलता ने किया ऊँचा देश का नाम,
और टोक्यो ओलंपिक में बजवा दिया भारत का राष्ट्र गान।।
छूट गए होंगे इसमें कई अहम नाम,
उनकी कोशिशों और मेहनत को भी है मेरा सलाम।

दो कदम साथ चल के तो देखा

गर हो ख़फ़ा किसी से जो तुम,
दिल उसका भी तो दुःखाया होगा।
जिस गुस्से को पाल रहे हो तुम,
उसी गुस्से ने दिल उसका भी तो जलाया होगा।।

कुछ लम्हों की शायद अब भी ज़रूरत होगी,
जो दूर कर देगी हर दूरी और रंजिश को।
एक मौके की जगह तो होती है सदा,
जो सुलझा देती है हर उलझन को।।

चलो कुछ वक़्त बिता आते हैं,
उन रिश्तों के संग, जिनसे नज़रें चुरा रहे हो।
ये भी तो हो सकता है ना,
वो निगाहें आज भी तुम्हारे इंतज़ार में हो।।

दूरियों और खामोशियों ने,
इस ग़म को कुछ कम कर दिया होगा।।
ये भी तो मुमकिन हो सकता है कि,
उसने भी उन सब बातों को भुला दिया होगा।।

मिलने से ही तो ये दूरियाँ कम होंगी,
एक बार कोशिश कर के तो देखो।
ज़्यादा लंबा सफर ना सही,
तुम दो कदम साथ चल के तो देखा।।

मन की बात

जब भी तेज हवा चलती,
मेरे दिल से ये दुआ निकलती।
दिलों के बैर इस हवा में घुल जाएं,
दूर किसी दरिया में जाके मिल जाएं।।
नफ़रतों के दौर ख़त्म हो जाएं,
दिलों में सिर्फ प्यार रह जाए।
रखा हैं दूर रंजिशों ने जिन्हें,
एक बार फिर आकर गले मिल जाएं।।

तड़पते दिल की खुदा, सुन ले ये सदा,
बरसे जब भी तेज पानी।
बुझा दे नफ़रतों का जलता दिया,
दे दे ठंडक ये निर्मल पानी।।
रिश्तों की बंजर धरती को,
कर दे खुशहाल ये पानी,
बुझा दे नफ़रतों की आग,
ये साफ और शीतल पानी।।

कुदरत के इस करिश्मे की चमक,
चेहरे पर साफ दिखने लगती है।
नफ़रतों और गुस्से को दूर होता देख,
ख़ुशी से आँखें छलकने लगती हैं।।
अब और कोई ख़्वाइश बची नहीं,
हर ख़्वाइश पूरी होती लगती है।
बना रहे सदा ये प्रेम और प्यार,
एक यही दुआ दिल से निकलती है।।

वक़्त

माना बड़ा मुश्किल है ये वक़्त,
चुनौतियों और आजमाईशों का है ये वक़्त।
पर एक-सा कहाँ रहता है ये वक़्त,
आज नहीं तो कल बदल जाएगा ये वक़्त।।

करने को कुछ नहीं है, बड़ा अजीब है ये वक़्त,
कल कहते थे कि, नहीं है वक़्त।
और आज ये आलम है कि बहुत सारा है वक़्त,
बड़ी दुविधा है आज, काटे कटे ना ये वक़्त।।

चलो, इस वक़्त को ना होने दें इतना सख़्त,
अपने लिए है आज, मेरा ये सारा वक़्त।
ज़रा खुद से भी तो पूछें कि कैसे हो तुम?
फिर शायद ना मिले, खुद से ये पूछने का वक़्त।।

हथेली की रेत की तरह फिसल जाएगा ये वक़्त,
खाली रह जाएगी हथेली, यादों में रह जाएगा ये वक़्त।
उसकी पनाह में गुज़रे, चाहे जैसे भी हो वक़्त,
रहमत जो उसकी रही तो यादगार बन जाएगा हर वक़्त।।

मेरे शब्द जो कभी किसी ने नहीं सुने

शब्द! शब्द भी तो बेज़ुबान हो जाते हैं,
ये भी तो एक सच्चाई है।
ख़ामोश रहकर भी कह जाते हैं बहुत कुछ,
इनमें भी तो वक़्त की गहराई है।।

ज़ुबान शब्दों की ज़ुबान आँखें होती हैं,
कह जाती हैं बहुत कुछ, बिन कुछ कहे।
ये शब्द दिल की गहराइयों में बस्ते हैं,
छलक जाते हैं चुपचाप बिन कुछ कहे।।

ये शब्द अनसुने ही रह जाते हैं,
कई बार कोशिश की, पर लौट के फिर वहीं आ जाते हैं।
इनकी आवाज़ भी तो धीमी होती है,
मंज़िल पर पहुँचने से पहले ही ये कहीं गुम हो जाते हैं।।

कई तरकीबें लगाई हैं मैंने, इन्हें ख़ामोश करने की।
जाग जाती हैं फिर कोशिश करती हैं, बंद दरवाज़े खोलने की।।

मेरे ये शब्द कभी किसी ने नहीं सुने हैं,
दर्द, मुहब्बत, तनहाई और न जाने किन किन शब्दों से मैंने ये बुने हैं।
हो जाएंगे ये भी ख़ामोश एक दिन,
खो जाएंगे, ना पहुँच पाएंगे ये उन तक जिनके लिए ये चुने हैं।।

महबूब

मुसलसल अपनी मुहब्बत का इज़हार ना किया करो,
अपने जज़्बातों को इतना ग़म ना दिया करो।
बड़े नाजुक होते हैं मुहब्बत भरे दिल,
बा दस्तूर खुद से ज़्यादा इनकी हिफ़ाज़त किया करो।।

रिवायतों और रिवाजों के बंधनों से,
इनको कोई सरोकार नहीं।।
महबूब की एक झलक के सिवाय,
किसी और बात का इंतज़ार नहीं।।

इमरोज का खुर्शीद कोई पैगाम लाएगा,
इस अमल से दरवाज़े पर नज़रें टिकाए बैठे हैं।
हर आहाट पे निगाहें आसमान छूने लगती हैं,
अपनी इस घबराहट को दुप्पटे में छुपाये बैठे हैं।।

महबूब का दीदार होगा जिस लम्हा,
वो दिन दिवाली और ईद होगी।
थम जाएगा हर लम्हा तब,
और किसी हसरत की, ना कोई जगह होगी।।

आँसू

पलकों के पीछे है इनका बसेरा,
दिल से है रिश्ता इनका बड़ा ही गहरा।
ख़ुशी हो चाहे हो कोइ भी ग़म,
छलक जाती है तोड़ के हर पहरा।।

इनकी भी अपनी जुबां होती है,
जो बिन कुछ कहे बहुत कुछ कहती है।
समझा जाती है अपनी हर बात,
ये आवाज़ तो दिल को चीर कर निकलती है।।

अपनी ख़ुशी को छुपाना इन्हें आता नहीं,
ग़म से भी तो कभी टूटा, इनका नाता नहीं।
जुदाई में होता केवल इनका ही साथ है,
और मिलन की ख़ुशी में छोड़ती ये साथ नहीं।।

ना होते ये तो कैसे होती भावनाओं में जान,
फीकी होती हर ख़ुशी और अधूरी ग़म की पहचान।
इनके छलक जाने से तो दिल हल्के हो जाते हैं,
वरना ये ग़म तो शायद ले लेते कितनों की जान।।

ऐ बंदे

उसने हमें जीवन दिया,
ताकि हम उसकी बनाई दुनिया को और खूबसूरत बनाए।
हमने उसी जीवन को किसी और लक्ष्य में लगा दिया।।
भगवान हंसे और कहा- तू कब समझेगा ऐ बंदे

उसने हमें कई रिश्ते दिए, माता पिता भाई बहन
जो हमें दिशाहीन ना होने दें।
हमने उन्हीं रिश्तों में स्वार्थ और लालच मिला दिया।।
वाहेगुरु बोले- तू कब समझेगा ऐ बंदे

उसने बनाया इन्सान, हर कोई एक समान, और आत्मा स्वरूप स्वयं बैठ गये।
हमने उसमें भी भेद भाव कर दिया
जाति और मज़हब जैसे कठोर शब्दों से सबको अलग कर दिया।।
खुदा हंसा और कहा- तू कब समझेगा ऐ बंदे

हद तो तब हो गई जब हम इस पर भी ना रुके।
भोजन और वस्त्र की लाठी से उस रब को बांटने लगे।।
इस पर वो रब रो पड़ा और कुछ ना बोला

अपनी बनाई हुई खूबसूरती,
अपनी दी हुई नेमतों को बिख़रते न देख सका।
और बिना कुछ कहे आज उसने हम सबको ये बता दिया
कि बस अब और नहीं, अब मेरी है बारी ऐ बंदे।।

ए ज़िंदगी

बड़ी ही हसीन और खूबसूरत है तू, ए ज़िंदगी,
साँसों की रफ्तार और धड़कनों की जुबां है तू, ए ज़िंदगी।
ये मेरी खुशनसीबी, की तू अब तक मेरे पास है,
वरना तू बेवफ़ा कम नहीं है, ए ज़िंदगी।।

तेरे होने से है निगाहों में एक चमक,
हर शै की है रौनक तु, ए ज़िंदगी।
तेरे बेगैर तो सब कुछ बेजान है,
तू है तभी तो मैं हूँ, ए ज़िंदगी।।

जुदा है ज़िंदगी जीने का तरीका सबका,
अपने अपने अंदाज़ से जीता है हर कोई अपनी ज़िंदगी।
तेरी महक से खुशनुमा बन जाती है आबो हवा,
तेरे वजूद को नकार सकता नहीं कोई, ए ज़िंदगी।।

तुझे जीना आसान कभी न था,
पर अब तुझसे जीतना सीख गया हूँ, ए ज़िंदगी।
तेरे अंदाज़ का अंदाज़ा लग गया है अब मुझे,
तेरी हर चाल का जवाब मिल गया है मुझे, ए ज़िंदगी।।

बाँसुरी

मधुरता ही है इसकी पहचान,
शांत हो जाता है अशांत मन, सुनके तेरी तान।
तेरी खुशनसीबी, की तू है कान्हा की पहचान,
तेरी सरलता का ही तुझे मिल ये वरदान।।

उनके लबों को छू कर ही हुआ तेरा कल्याण,
उनके स्पर्श से ही तो आते है तुझमे प्राण।
तेरे संगीत में है प्यार और दर्द एक समान,
तेरी खूबियों का मिला है तुझे उपयुक्त सम्मान।।

गिरधर के दिल के करीब मिला तुझे स्थान,
चिढ़ती है गोपियाँ तुझसे तेरी एहमियत को जान।
फिर भी भाता है सभी को तेरा मधुर गीत,
दौड़ी चली आती है जब भी छिड़ती है तेरी तान।।

तेरी मधुर आवाज़ क्यूँ रूह को छू जाती हैं,
बता दे अपना ग़म, तू क्यूँ उसे छुपाती है।
इतनी गहराई है तुझमे कि आंखें नम हो जाती हैं,
सुन के तेरी आवाज़, राधा भी तो खिंची चली आती है।।

तेरी धुन से मदमस्त हो जाते हैं खेत खलिहान,
तेरी धुन से सभी के चेहरों पे खिल जाती है मुस्कान।
तेरे सुरीले संगीत का करके रस पान,
झूमने लगता है कण कण, पशु, पक्षी और ये ब्रह्मांड।।

ख़्वाब

ख़्वाबों की कोई सीमा नहीं होती,
सभी ऊँचाइयों को छू सकती है।
ख़्वाबों में कोई पाबंदी नहीं होती,
जो चाहे वो देख सकती है।।

इसी एक एहसास में कितना रोमांच है,
इस एक ख़्याल से ख़्वाब सदा जवान हैं।
ख़्वाबों की दुनिया में कोई भेदभाव नहीं,
इसमें होते सभी एक समान हैं।।

ख़्वाब होते हैं रंग बिरंगी और निराले,
जी चाहता है इन्हें जीवन में उतार लें।
सच्चाई से परे होती हैं लेकिन ये दुनिया,
जागते ही खुद को ये बात समझा लें।।

ख़्वाब सदा खुशनुमा नहीं होते,
ग़म और ख़ुशी दोनों ही इसमें बस्ते।
दुःख को देख आँखों से आँसू छलकते,
और ख़ुशी देख नींद में ही हम है हँसते।।

हकीकत में हो जाएँ पूरे ये सारे ख़्वाब,
इस एक इच्छा से देखते हैं, हर रोज एक नया ख़्वाब।
लगा देते हैं फिर अपनी हर कोशिश पूरा करने वो ख़्वाब,
अपनी सच्चाई बनाए रखना, पूरे हो जाएंगे तब हर ख़्वाब।।

ख़्वाब देखने चाहिए ऊँचे बहुत ऊँचे,
मानो चाहे न मानो तुम मेरी ये बात।
ऊँचे ख़्वाबों से ही तो मिलते हैं ऊँचे मुक्काम,
इन्हीं से ही बनेगी एक ऊँची पहचान।।

बिदाई

इस जीवन सफर की बिदाइ का ऐसा वक़्त तय हो,
जब जीने की थोड़ी ही सही पर चाह बाकी हो।
आस पास की हवाओं में सुकून की एक लहर हो,
आँखों में रोशनी कम सही, पर रिश्तों में गर्मी बाकी हो।।

चहेरे पर हों झुर्रियों की लकीरें हज़ार,
कोई हमें पलट कर देखे, चाहे ना हो ऐसी कोई बात।
पर हो आँखों में सच्चाई की वो चमक और विश्वास,
एक हल्की सी मुस्कुराहट तब भी हो बरकरार।।

हाथ पकड़े रहने की भी शायद उंगलियों में ताकत न हो,
हमसफर का हाथ फिर भी मेरे हाथ में हो।
कदम आगे बढ़ने के लिए सहारा तलाशते हो जब,
कदम से कदम मिलाकर चलने का वादा करने वाले कदम, तब भी साथ हो।।

पीछे मूड कर देखने की कोई भी हसरत तब शायद ना हो,
और इस पल से ज़्यादा आगे जानी की कोई कोशिश भी न हो।
संतोष और संपूर्णता का एक सुखद एहसास हो,
वो लम्हा ही हो सब कुछ, और किसी क्षण की न कोई चाह हो।।

सबक और अनुभवों का गहरा समंदर है ये जीवन,
पर शायद उस क्षण में मुझे कोई भी सबक न याद हो।
बस केवल उस एक स्पर्श का एहसास हो,
जो सारी चुनौतियों को झेल, अब भी मेरे पास हो।।

उस वक़्त के पास भी तो ज़्यादा वक़्त नहीं होगा,
आगे बढ़ने के अपने नियम से, ये लम्हा भी रेत की तरह हाथों से
फिसल रहा होगा।
अंतिम छोर पर ही पहुँच कर लेगा ये पल अपनी अंतिम सांस,
उस पल में होगा एकांत, हर लम्हा तब शांत हो चुका होगा।।

स्याही

स्याही है कलम की ज़ुबान,
इसी से होंगे पूरे कलम के सारे काम।
कलम की हर चाल को मिलती पहचान,
जब बहती है स्याही कलम को थाम।।

इतिहास को बनाती है यादगार,
किस्से कहानियों का सज़ाती है संसार।
यदि न होता तेरा योगदान तो,
कैसे मिलता कवि की कल्पना को आकार।।

इसी से तो बनता है संग्रह,
प्रेम, प्यार और यादों का।
इसी से तो दूर होता है विरह,
जब मिले संदेशा मुलाकातों का।।

होगा गहरा जितना रंग इसका,
निखरेगा चेहरा उतना हर लफ्ज़ का।
सोच समझ कर करना इसका इस्तेमाल,
गहरा होता है असर इसके लिखे शब्द का।।

कहनी है बस एक ही ज़रूरी बात,
स्याही, तू है एक अद्भुत आविष्कार।
कितने नामों को अमर कर दिया तूने,
दुनिया मानेगी सदा तेरा आभार।।

रख भरोसा सब ठीक होगा

जो बीत गया वो भी उसकी रज़ा थी,
जो बीत रहा है उसमें भी उसकी रज़ा है।
जो होगा, तेरे हक में सही होगा,
रख भरोसा सब ठीक होगा।।

छूट गए कई साथी, छूट गए कई अपने,
इतना ही था साथ, अब मिलेंगे बनके सपने।
उनकी कमी को भरना मुश्किल होगा,
पर है भरोसा कि एक दिन सब ठीक होगा।।

लौट आएंगी खुशियाँ, मुस्कुराएंगे चेहरे दोबारा,
होगा वो सवेरा मसरूफ़ियत से भरा।
ग़म का न कोई निशां होगा,
रख भरोसा सब कुछ ठीक होगा।।

उछलते कूदते बच्चे, अनमने ही सही स्कूल जाते बच्चे,
बगीचों की रौनक, होमवर्क ख़त्म करने की होड़ में बच्चे।
एक बार दोबारा बचपन इनमे खिलखिलायेगा,
रख भरोसा सब कुछ ठीक हो जायेगा।।

गीत संगीत की वो रौनक, रस्मों रिवाजों की वो चमक,
सजने संवरने की चाह, भिन्न भिन्न व्यंजनों की वो महक।
फूलों की खुशबू से जीवन दोबारा महकने लगेगा,
रख भरोसा सब कुछ ठीक होगा।।

खुली हवाओं में लेगा सांस तब इंसान,
साँसों पर ना किसी प्रकार का संकट होगा।
जीवन को खरीदने बेचने का तब ना व्यापार होगा,
रख भरोसा सब कुछ ठीक होगा।

गलतियाँ

बड़ा सही है ये ज्ञान,
गलतियों का पुतला है इंसान।
खो जाता है उसका मुकाम,
गलतियों से यदि ना ले सबक इंसान।।
आम बात है गलती करना,
बड़ी बात है लेकिन बार बार गलती करना।
बन जाए ना आदत, ख़्याल रखना,
मिले मौका दोबारा ज़रूरी नहीं, ध्यान रखना।।
वक़्त रहते सुधार लो खुद को,
छोटी गलतियों पर ही रोक लो खुद को।
यही छोटी गलतियाँ बड़ी ना बन जाएं,
इनसे पहले बड़ा बना लो खुद को।।
ज़िंदगी नाम है गलतियों से सीखना,
सच्चाई से ना कभी अपनी आँखें मीचना।
ठोकर खाना, संभलना, फिर उठ कर चलना,
इस सबक को लेकिन तुम कभी ना भूलना।।

मेरा अनुभव

ज़िंदगी से मिलने वाले सबक को ही कहते हैं अनुभव।
छोटे हो चाहे हों बड़े, बड़े कीमती होते हैं ये अनुभव।।

अनुभवों की सीढ़ियों को चढ़ कर ही, बनता है एक संपूर्ण इंसान।
बिना अनुभवों का जीवन, मानो जैसे कोई शरीर बेजान।।

गलत अनुभव भी कभी कभी दे जाते हैं सबक सही।
अनुभव की रोशन में ही, होती है परख सही।।

कड़वे अनुभवों की कड़वाहट को, अपने जीवन में न घुलने देना।
बना लेना दवा इसे, और अपने जख़्मों का इलाज कर लेना।।

बन जाएंगे सार्थक ये अनुभव, जब बनेंगे दीपक अँधेरों के।
सफल हो जाएगा जीवन, जब बनेंगे रास्ते मंज़िलों के।।

इसकी पहचान नहीं कोई वेशभूषा, इसकी पहचान तो है विचारों की सच्चाई।
यदि सही सबक का है ज्ञान तुम्हें, तो यही पहचान बन जायेगी तुम्हारी परछाई।।

रंग बिरंगे काँटों वाले फूलों की टोकरी सा है मेरा अनुभव।
इनकी खुशबू से महकता है मेरा जीवन,
बड़ा कीमती है हर फूल, क्योंकि हर फूल है मेरा अनुभव।।

तेरा दर तब याद आता है

मुश्किलों का दौर जब चल पड़े,
भीड़ में भी हो जब तन्हां खड़े।
कुछ और जब ना सुझाता है,
तेरा दर तब याद आता है।।

अकलमंदियों का दामन, हाथों से छूट जाता है,
गलतियों का एहसास जब, सुबह शाम सताता है।
उस लम्हों में तब, तेरा दर याद आता है।।

सारे सहारे जब बेरुखियों में बदल जाते हैं,
शोहरत की बदगुमानियों के गुब्बारे, आकाश में उड़ते नज़र आते हैं
मायूसियों से घिरा हो जब इंसान, तेरा दर तब याद आता है।।

नाउम्मीदियों के बादल जब छा जाते हैं, अपने भी पराए हो जाते हैं।
हताश होकर जीवन जब हार की तरफ बढ़ जाता है, तब तेरा दर याद आता है।।

तेरा दर ही है मंज़िल सबकी, तेरा सहारा ही तो है आरज़ू सबकी,
इस हक़ीक़त को क्यूँ भूल जाता है।
भटकते हुए को जब सुकून की हो तलाश, तो तेरा दर याद आता है।।

क्या देखा मैंने?

अपनी हसरतों की गहराइयों को जब देखा मैंने,
उनको बेमतलब फिर होते देखा मैंने।
इनका दायरा बड़ा तंग था शायद,
अपने सिवाय किसी और का अक्स ना देखा मैंने।।

किसी और की ख़ुशी की भी थोड़ी जगह बना ली,
ख़्यालों के चेहरे पे तब एक नई चमक को देखा मैंने।
एक तब्दीली ने बहुत कुछ बदल दिया,
सुकून की एक लहर को भी तो तब देखा मैंने।।

सुख और दुःख दोनों ही रहते हैं साथ साथ,
पर उनमें दोस्ती हो जाए, ये कभी ना देखा मैंने।
आते जाते रहते हैं दोनों,
पर किसी एक को बहुत दिनों तक रहते ना देखा मैंने।।

ग़म तो बाँट नहीं सकते अपने,
पर ख़ुशियों के साथ ऐसी किसी मुश्किल को ना देखा मैंने।
ख़ुशियों को बांटने से वे बढ़ जाती है,
दूसरों को ख़ुशी देने से अपनी ख़ुशी में बरकत को देखा मैंने।।

मेरा दायरा

जिनके हैं अपने कोई दायरे नहीं,
उन्होंने तय किया मेरा दायरा।
बंदिशों, पाबंदियों और नफ़रतों
से तंग किया मेरा दायरा।।

इल्म की हद से परे थी जब ये बात,
बना दिया था तब मेरा ये दायरा।
सिमट गयी थी ख़्वाहिशें और ज़िंदगी भी,
सांस लेने जितना ही रह गया था मेरा दायरा।।

सिकुड़ते, सिकुड़ते सिकुड़ गया था जिस्म,
तन्हाइयों की एक मिसाल बन गया था मेरा दायरा।
इच्छाओं के सारे पर कुचल दिये गए,
इसी में जीने का हुकुम था मेरा दायरा।।

दुःख और आँसुओं ने निभाया साथ मेरा,
उम्मीद तो बेवफ़ाई कर छोड़ने लगी थी मेरा दायरा।।
पर पता नहीं आशा का एक दीप कैसे जलता रह गया,
मेरे भीतर छुपा था कहीं, नज़रों से चूक गया उनकी जिन्होंने बनाया मेरा ये दायरा।।

इसकी रोशनी ने जीना मुमकिन कर रखा था शायद,
वरना मायूसियों ने तो कस के पकड़ रखा था मेरा दायरा।
कहते हैं, निराशा को जलाने के लिए उम्मीद की एक लौ ही काफी है,
आशा की इस एक लौ ने तब जला दिया मेरा हर दायरा।।

काश!

काश एक ऐसी दुकान हो
जहां सामान के बदले दुआएँ मिलती हो।

सोचो ज़रा, कितना कीमती होगा वो सामान,
जिसको देने से मिलेगी आपको दुआ।
और जो आपके जीवन में आने वाली,
हर मुश्किल को कर देगी आसान।।

ऐसी दुकान में ना होगी,
कोई गोलक, ना ही ताला चाबी, ना ही प्रतिस्पर्धा की कोई बीमारी।
कोई भी ज़रूरतमंद आ जाए,
जो उसकी ज़रूरत को पूरा करे, वो सामान साथ ले जाए बदले में सिर्फ दुआ दे जाएं।।

इंसान को अब तक ये बात समझ क्यों नहीं आती?
धन तो साथ छोड़ देता है।
दुआएँ ही हैं जो सिर्फ कब्र तक नहीं
पर उस खुदा के दर तक है जाती।।

अब भी वक़्त है,
भरलो अपना खज़ाना दुआओं का।
फिर ना कहना
जब वक़्त हो जाएगा जाने का।।

मेरा बस्ता

बस्ता मेरा रंग बिरंगा,
ढेर सारी किताबों से है भरा।
एक एक किताब को सजाया है मैंने,
बड़े प्यार से फिर उसपर अपना नाम लिखा।।

बचपन के इस बस्ते का है बड़ा वजन,
फिर भी इसको उठाने से थकते नहीं कदम।
बड़ी चूसती और तेजी रही है सदा,
भारी होने पर भी महसूस होता नहीं कोई वजन।।

समय के साथ ये थोड़ा हल्का हो गया है,
लगता है कुछ किताबों से नाता टूट गया है।
अब बस्ते का आकार भी नहीं इतना बड़ा,
कुछ तो हुआ है, पर पता नहीं कि क्या हुआ है।।

जब बस्ता भारी होता था,
तब मन बड़ा हल्का होता था।
आज जब बस्ता हल्का हो गया है,
तो मन क्यों इतना भारी लग रहा है।।

वक़्त के साथ बस्ता भी बदल गया,
अब इसमें जिम्मेदारियां रहती हैं।
वैसे तो ये हल्का है, फिर भी भारी लगता है,
शायद इसलिए क्योंकि इसमें मजबूरियां भी साथ रहती हैं।।

हल्के बस्ते को उठाना इतना मुश्किल क्यों है?
कदम भी अब तेज चलना भूल गए हैं।
याद आता है जब वो बचपन का भारी बस्ता,
सोचने लगती हूं कि क्या हम वाकई बड़े हो गए हैं।।

बस्ते का रंग बिरंगा रंग भी उड़ गया है,
अब ये बस्ता बड़ा बेरंग सा बन गया है।
रंग भी अब उसका काला सा हो गया है,
जिस पर किसी और रंग को लगाना मुश्किल हो गया है।।

मन तो करता है कि,
दोबारा उसी रंग बिरंगे बस्ते को ले आऊँ।
उस बचपन की मस्ती में,
एक बार दोबारा घूम आऊँ।।
सोचती हूं एक बार ही सही,
इस बस्ते को उस बस्ते से बदल आऊँ।
देखा जाएगा जो भी होगा,
अपनी इस इच्छा को एक बार तो पूरा कर आऊँ।।

देख लेते हैं एक बार ऐसा कर के,
शायद ऐसा करने से बचपन दोबारा जी पाऊँ।
गलती से ही सही, पर कर पाऊँ,
फिर चाहे सारी ज़िंदगी इस गलती पर क्यों न पछताऊँ।।

ऐब

कई किस्म के होते हैं ऐब,
समय के साथ मिला है मुझे इस बात का ज्ञान।
आइए चले मेरे साथ बताती हूं आपको,
कि क्या है मेरे अनुभवों का संज्ञान।।

कुछ ऐब ऐसे होते हैं,
जिन्हें बड़ी आसानी से छुपाया जाता है।
मन के भीतर पकती है खिचड़ी,
और सामने चाशनी में डूबा रसगुल्ला खिलाया जाता है।।

बड़ा मुश्किल होता है ऐसे एबों को पकड़ना,
उससे मुश्किल होता है ऐसे लोगों को परखना।
क्योंकि आप भी बड़े स्वाद से रसगुल्ला खाने लगते हैं,
उनके मन में पक रही खिचड़ी को कहां भाप सकते हैं।।

कुछ ऐब ऐसे भी होते हैं जो सदा आपके साथ चलते हैं,
खुशी किसी की देख जो मन ही मन जलते भुनते हैं।
इस ऐब का इलाज किसी भी हकीम के पास नहीं,
इस ऐब में जीने वाले को अपना भी कोई सुख फलता नहीं।।

एक ऐब ऐसा भी है जो होता है सबसे निराला,
उसकी सोच और समझ में रहता सदा गड़बड़ घोटाला।
होती है विचित्र ऐसे व्यक्ति की सोच,
ना मिला जब सुख मुझे तो क्यों देकर सुख किसी को मैं बनूँ महान।।
देकर दूसरों को ग़म और छीन कर उनका स्वाभिमान,
खुद भी रहता दुःखी सदा, शायद मिला नहीं उसे जीवन का सही ज्ञान।।

एक ऐब ऐसा भी होता है,
जिसे खुली आंखों से देखा जा सकता है।
इस ऐब की होती है एक खास बात,
ऐसे व्यक्ति पे भरोसा किया जा सकता है।।

इस ऐब ने उसे जीने का एक नया अंदाज़ दिया होगा,
इस ऐब ने उसे इंसानों को परखने का मौका भी बहुत दिया होगा।
इसके साथ जीने वाला इंसान होगा बड़ा स्वाभिमानी,
गज़ब की मज़बूती होगी होंसलों में और होगा अभिमानी।।

ठुकराए जाने की अदा को झेलना उसे आता होगा,
किसी को भाए ना भाए, वो खुद को ज़रूर भाता होगा।

क्या इस ऐब को ऐब कहना सही होगा?
ऐब तो वो है ना जिसे अपने अंदर छुपाया जाता है।
दूसरों का बुरा करके भी मुस्कुराया जाता है।।

इस ऐब में तो ऐसी कोई खता नहीं,
इस ऐब में तो ऐसी कोई कला नहीं।

यदि मिल जाए ऐसा कोई,
जिसका ऐब आपको दिखाई देता हो।
तो प्यार से अपना लो उसे,
होगा उसमें कोई ऐसा ऐब नहीं, जो आपको दिखाई ना देता हो।।

आओ चलें अतीत में

आओ चलें अतीत में
बचपन के उन लम्हों को दोबारा जीने,
कल तक जो थे आम, पर आज है बहुत ही खास।
सालों संजोए रखा है इन्हें,
बड़े नाजुक हैं, इसलिए रहते हैं सदा दिल के पास।।

आओ चलें अतीत में
जवानी की खूबसूरती और महक को,
एक बार दोबारा महसूस कर आए।
क्या बिगड़ जाएगा किसी का?
पुराने महबूब से जो एक बार फिर मिल आए।

आओ चलें अतीत में
वो मासूमियत जो भा जाती एक नज़र में,
उस मासूमियत से एक मुलाकात कर आए।
पूछे उसे कि वो कब और कहां खो गई,
आजकल रहती है कहां उसका पता पूछ आए।।

आओ चलें अतीत में
उस गुज़रे वक़्त में, जो चला तो था धीमे धीमे,
उसकी गति फिर भी तेज थी।
जी रहे थे हर पल लम्हा लम्हा,
उस लम्हे की रफ्तार लेकिन तेज थी।

आओ चलें अतीत में
कड़वी यादों में मिठास घोल आएँ,
अपनी कोशिशों से कुछ बदल आएँ।
नामुमकिन सी इस चाहत को,
जाते जाते शायद मुमकिन बना जाएँ।।

अतीत से तो कभी नाता टूटा ही नहीं,
उन यादों, उन पलों का दामन कभी छूटा ही नहीं।
जाएं तो तब, जब कभी वहां से लौटे हो हम,
एक कदम आज में और दूसरा अतीत में, वो वहां से कभी हटा ही नहीं।।

वो बेफिक्री

बेफिक्री की वो लहर,
जो हवा में भी थी और मेरे चेहरे पर भी।
बचपन ही तो था वो मेरा,
मुमकिन तभी ही थी, इधर भी और उधर भी।।

उम्र के साथ ये बेफिक्री को,
कुछ जिम्मेदारियों ने ढकना शुरू किया।
अनचाहे ही सही,
पर मैंने भी उस रंग में ढलना शुरू किया।।

धीरे धीरे भूलने लगा मैं,
कि क्या होती है बेफिक्री।
धीरे धीरे सोचने लगा मैं,
कि कितनी कीमती थी, वो बेफिक्री।।

लम्हा लम्हा जोड़ का बढ़ती रही ज़िंदगी,
मसरूफ़ियत इतनी, भूल गया क्या होती है बेफिक्री।
जब जागा तो फिर अचानक ही याद आई उसकी,
ऐसा भी कुछ होता है क्या, जिसे कहते हैं बेफिक्री।।

मैंने कोशिश भी की, दोबारा उसे देखने की,
पर मेहनतों से कहां हासिल होती है बेफिक्री।
इस कोशिश की एक झलक, चेहरे पे साफ दिख जाती,
फिर इस चेहरे को छूने वाली हवा में नहीं रह पाती है बेफिक्री।।

ये वो अंदाज़ है, जो बिना कोशिश के ही आता है,
ये वो एहसास है, जो सुकून भरे दिल को ही मिल पाता है।
बड़ी अनमोल है तू, इसका अंदाज़ा मुझे हो चुका है,
कुछ लम्हों के लिए गर मिल जाए, तो ये मन जी जाता है।।

ज़िंदगी की शाम में ही शायद मिल जाए तेरी एक झलक,
उस मुकाम पे ही सही, मिल जाए तेरी एक झलक।
तो जी लूंगा तुझे खुल के मैं ये मेरा वादा है तुझसे,
शायद फिर ना मिल पाए मुझे, तेरी एक झलक।।

मेरे झुमके

तेरे आने की खबर से मारने लगे हैं ठुमके,
ख़ुशी से मुझे चूमे जा रहे हैं मेरे झुमके।

उदासियों की कई रातें बिताने के बाद,
खुल के आज मुस्कुरा रहे हैं मेरे झुमके।

डर है किसी की नज़र न लग जाए इन्हें,
हाथों से अपने छुपाती हूँ मैं मेरे झुमके।

कब आओगे, कब आओगे,
बार बार मुझसे पूछते हैं मेरे झुमके।

तन्हाइयों में जब कोई साथ न था,
मेरे साथ आँसू बहाते थे मेरे झुमके।

एक कविता

कवि के मन की बात होती है कविता,
लफ्ज़ों का कमाल होती है कविता।

बयाँ करती है जो दिल का हाल,
फिर भी छोड़ जाती है कुछ अनकहे सवाल।

कल्पनाओं की दुनिया की सैर कराती है कविता,
हकीक़त का आईना भी तो दिखाती है कविता।

दिलों तक पहुँचने का एक खूबसूरत ज़रिया है कविता,
भावनाओं का भी तो एक गहरा दरिया है कविता।

दूरियों को ख़त्म करने का काम करती है कविता,
जख़्मों को भरना भी आसान करती है कविता।

हर टूटे दिल की आवाज़ होती है कविता,
हर महफिल की शान होती है कविता।

भक्ति की पहचान है अगर कविता,
तो प्रेम का भी दूसरा नाम है कविता।

अपनी भावनाओं को आप तक पहुँचाने के लिए लिखी है मैंने ये कविता,
कविता की महिमा का गुण गान करने के लिए लिखी है मैंने ये कविता,

बाउजी

हमारे परिवार का एक मज़बूत स्तंभ,
अपनी यात्रा पूरी कर अगले सफर पे चला तो है ज़रूर।
इस नए सफर में मिले उन्हें सुकून और आराम,
हाथ जोड़ के विनती है, आप भी ये दुआ करना ज़रूर।।

उनकी परछाई और महक तो लेकिन,
दरों दीवारों और घर के हर कोने में सदा मौजूद रहेगी ज़रूर।
बेपरवाह से उठने वाली हंसी की आवाज़, भी सुनाई देगी ज़रूर।।

इस परिवार में बना रहे हमेंशा,
उनके दिए प्यार और आशीर्वाद का खज़ाना भरपूर।
खुश रहो चाहे जो हो हालात, उनकी दी इस विरासत पर है हमें गुरूर।।

एक मुस्कान रहती थी सदा, चेहरे पे उनके ज़रूर।
खुश रहना और खुशियाँ बांटने का गज़ब का था उनमें सुरूर।।

ज़िंदगी जीने के उनके इसी फलसफे ने,
कर दिया था दोस्तों में उन्हें मशहूर।
ग़र्मजोशी और अपनापन था उनका स्वभाव,
उनका यही स्वभाव ऊपर वाले को भी भा गया होगा ज़रूर।।

हम हैं एक परिवार

कुछ खट्टी कुछ मीठी बहुत सी बातें होंगी,
शायद कभी हो जाए तकरार, रहेगा लेकिन दिल में सदा ही प्यार।
भूला के गीले शिकवे और वो तकरार,
याद रखना केवल एक ही बात, कि हम तो हैं एक परिवार।।

सालों पहले इनकी नींव रखी गई होगी,
कई पीढ़ियों ने मिलकर इसे मज़बूती भी दी होगी।
याद रखना उनकी कुर्बानियों को, न करना उनका तिरस्कार,
क्योंकि हम हैं उनका ही परिवार।।

केवल तुमसे या हमसे ही नहीं बना ये परिवार,
कई पुण्य आत्माओं ने मिलकर किया होगा इसे साकार।
सपनों का उनके मिलकर करें सत्कार,
आखिर हम हैं तो एक परिवार।।

खुशियों और सुख में तो साथ दिखेगा सारा संसार,
दुःख में होगा केवल परिवार, साथ बनके पतवार।
आओ साथ मिल जुलकर करें जीवन को साकार,
क्योंकि हम तो हैं एक परिवार।।

रहे मन में सदा एक दूसरे के प्रति आदर और सम्मान,
दें जाएँ हम भी अगली पीढ़ी को संस्कारों का भंडार।
बनाए प्रेम, प्यार और विश्वास की अपने घरों की दीवार,
डिगा न पाए कोई इसे बन जाए एक ऐसा मज़बूत परिवार।।

मन

मन में सदा रहती है एक उलझन,
सही और गलत के बीच रहती सदा अनबन।
इस उलझन को कोइ कैसे करे कम,
इस की परख क्यों भूल जाता है मन।।

विचारों का सदा रहता है सैलाब मेरे मन में,
कल्पनाओं के घोड़े पे सवार रहता है हर ख़्याल मन में।
दिशाओं का भी नहीं रहता कोई भान मन में,
सही निर्णयों का भी नहीं कोई प्रमाण मन में।।

मन की इस मासूमियत पर कैसे करूँ यकीन,
क्या ज़माने का कोई असर इस पर हुआ ही नहीं?
सही और गलत का ज्ञान एक साथ देता है मन,
उलझनों को बढ़ाने की बजाए सुलझाता क्यूँ नहीं?

मन के विचारों पर मेरा कोई नियंत्रण नहीं,
पर गलत निर्णय लेने की ये कोई वजह भी तो नहीं।
मन की पैदा की हुई उलझन को सुलझाना ही होगी समझदारी,
मेरे पास तो ज्ञान है, मन के पास शायद ये ज्ञान नहीं।।

रहने दो इसे मासूम और अनजान,
शायद यही बनाता है इसे हसीन।
इसकी इन उलझनों से निकलना,
कायम रखेगा मेरे कुछ यकीन।।

मन के छलावे में तुम मत उलझ जाना,
ये तो है अज्ञान इसकी बातों में तुम कभी मत आना।
करना केवल वही काम जिससे बनेगी पहचान,
मन तो तुम्हारे भीतर है तुम ही तो हो उसकी पहचान।।

बस केवल एक सोच

सोच केवल दो प्रकार की होती है,
एक होती है सकारत्मक और एक नकारात्मक होती है।
जीवन भी उसी ओर होता है अग्रसर,
जिस प्रकार की आपकी सोच होती है।।
इनके प्रभाव भी होते हैं भिन्न, इनकी परिभाषा भी तो भिन्न होती है।
एक ही परिस्थिति में, आओ देखें,
कौनसी सोच सही सोच साबित होती है।।

हमारे जीवन में कोई भी कमी हो सकती है,
व्यक्ति की, सेहत की, या फिर सही सोच की भी कमी हो सकती है।
नकारात्मकता हमें केवल उसी कमी में घुमाए रखती है,
जिसके कारण केवल वो एक कमी हमें सबसे बड़ी कमी लगती है।।
सकारात्मकता लेकिन इसके बिल्कुल विपरीत होती है,
दिलाती है हमें ये एहसास कि जीवन में और भी चीज़ें ज़रूरी होती हैं।
जो नहीं है तेरे पास ना कर कभी उसका मलाल,
जो है तेरे पास कइयों के पास तो ये सहूलियत भी कहां होती है।।

शिकस्त, जी हां परेशान करती है शिकस्त मैंने ये माना,
पर इस एक शिकस्त से कुछ नहीं बदलता, खुद को ये समझाना।
नकारात्मकता तुम्हें इस सोच की ओर आने नहीं देती,
क्योंकि उसका उद्देश्य तो है केवल विनाश कराना।।
जी लेना उस ग़म को पूरी तरह सिर्फ उस वक़्त,
और फिर अगले पल संभल, ठहर ज़रूर जाना।
सोचने के लिए कि जीवन में अभी बहुत कुछ है कर जाना,
ये तो है एक तजुर्बा, सही होगा इसे यहीं छोड़ कर आगे बढ़ जाना।।
ये होगी सकारात्मकता की ओर तुम्हारी एक सही पहल,
जो सिखाएगी तुम्हें की कैसे किसी भी परिस्थिति में खुद को है संभालना
और संवारना।।

हर इंसान है आज एक दौड़ का हिस्सा, भूल गया क्यूँ ये ज़रूरी बात,
थक जाएगा खुद को साबित करते करते, और फिर भी रह जाएंगे खाली हाथ।
इस दौड़ में आगे निकलना है सबको, इसलिए इंसान देता है धोखा,
प्यार में धोखा, दोस्ती में धोखा और तो और रिश्तों में भी तो देने लगा है धोखा।।
नकारात्मकता ही है इन सब की वजह जो सिखाती है गलत बात,
कि अगर तुम्हें कोई देता है धोखा तो तुम भी करो उसके साथ धोखा।
सकारात्मक सोच ही है इसका एक मात्र उपाय,
जिसकी रोशनी में होगा एहसास, कि धोखा देने वाले को मिले एक मौका।।
शायद इस मौके से हो जाए उसे यकीन, कि धोखे के बदले नहीं मिलता है सदा धोखा।
बदल देगा उसकी सोच सदा के लिए, आपका दिया ये एक मौका।।

जीवन तो दिखाएगा अपने रंग हर लम्हा और हर पल,
बस केवल एक सोच, एक सही सोच से ही बनेगी कोई बात।
मिलेगी सही राह जीवन को,
और समाधान दिखाई देगा हर मुश्किलों के साथ।।

उठ मर्दानी

अपनी आन का ज़िम्मा अब ले अपने हाथ,
मिटा दे आंसुओं को, ना कर किसी से कोई गुहार।
सरलता और संस्कारों को समझने लगे हैं कमज़ोरी की निशानी,
ममता और प्यार के रिश्ते को कहने लगे हैं गुलामी।।
उठ मर्दानी अब तू भी बन जा झांसी की रानी....

अपनी ताकत को पहचान और दे अब ऐसा जवाब तू,
गलत निगाहों से देखे जो तुझे, उसे अब सबक सिखा तू।
हो गई है इंतेहा क्योंकि सूख गया है, सबकी आंखों से शर्म का पानी,
नहीं सहना है कोई अपमान और न लेनी है कोई भी बदनामी।।
उठ मर्दानी अब तू भी बन जा झांसी की रानी......

तेरी हिम्मत को कम आंकने की ना हो किसी की मजाल,
दुष्कर्म करने का, आए ना मन में कभी किसी को ख्याल।
सुना दे हर उस शख़्स को आज तू भी एक ऐसी कहानी,
काँप जाए उनकी रूह और हो जाए शर्म से पानी पानी।।
उठ मर्दानी अब तू भी बन जा झांसी की रानी......

मां बनकर जन्म दिया और पाला तूने, बहन बनकर दुआएँ दी हैं,
पत्नी बनकर की तूने सेवा, और बेटी बन के गरिमा बढ़ाई है।
अपने सभी रिश्तों को खूब निभाया है तूने,
ना रख अपने मन में कोई भी ग्लानि।।
अब उठ मर्दानी बन जा तू भी झांसी की रानी....

नारी से ही है सृष्टि, नारी ही है जगत जननी,
नारी को देवी मान, उसकी पूजा करने वाला बन बैठा है अधर्मी।
देना होगा अब उसे अपने कर्मों का हिसाब,
उसके पापों की उसको ना मिलेगी अब कोई माफी।।
उठ मर्दानी अब तू भी बन जा झांसी की रानी...

डर ना हो तुझे कभी कहीं भी अपनी आन का,
लहरा दे परचम आसमान में अपने स्वाभिमान का।
याद दिलाएगा हर देश वासी को ये उसका फर्ज,
प्रतीक होगा ये परचम हर नारी के सम्मान का।
ये तरकीब भी होगी बड़ी ही अनोखी, और तेरी ये अदा भी होगी बड़ी ही निराली,
उठ मर्दानी अब तू भी बन जा झांसी की रानी...

बातें

दिनभर में हो जाती हैं कितनी ही बातें,
कुछ भूल जाते हैं और कुछ याद रह जाती हैं बातें।
हर पल मन दोहराता है बीती हुई बातें,
कितना भी छुड़वाओ पीछा, पर पीछा नहीं छोड़ती हैं बातें।
कर देती है मुश्किल रातें, ये इतनी सारी बातें,
सबको बता भी नहीं सकती, होती हैं ऐसी कई बातें।
कई बार छुपानी, मुश्किल हो जाती हैं बातें,
सवालों के घेरे में, रखती हैं हर पल ये बातें।
ऐसा क्यों और वैसा क्यों नहीं?
इन्हीं सवालों में उलझाए रखती हैं बातें।

सबसे हसीन होती हैं बचपन की बातें।
गुज़रते वक़्त में, खूबसूरत यादें बन जाती है वो बातें।
उम्र के साथ कितनी संजीदा हो जाती है ये बातें,
पर दिल सदा मूड मूड कर याद करता है बचपन की वो बातें।
छोटी छोटी बातें बस जाती है गहराइयों में दिल के,
कई बार लेकिन, कोई असर नहीं करती बड़ी बड़ी बातें।
बिना कुछ कहे भी, कह जाती है बहुत कुछ ये बातें,
पर कई बार बहुत कुछ कह कर भी, कुछ नहीं कहती है ये बातें।

बातों का क्या है,ये तो बनती रहती है,
कुछ संवारती है तो कुछ बिगाड़ती है ये बातें।
मुंह से निकलते ही, हो जाती है पाराई ये बातें,
बाद के पछतावे से बेहतर है, सोच समझ कर करें हम बातें।
खट्टे मिट्ठे तजुर्बों से, आती है करनी गहरी बातें,
नसीहत और प्यार से भरपूर होती हैं तब ये बातें।

बड़ी दूर निकल आए हम, आपसे करते करते बातें,
गुज़रा कैसे वक़्त, पता ही नहीं चला करते करते बातें।
बड़ी मज़ेदार लगने लगी हैं, मुझे भी अब ये बातें,

आज कुछ और हैं, तो कल कुछ और होंगी बातें।
दुआ है चलता रहे ये सिलसिला, लिखते रहें हम अपने दिल की बातें,
मिठास घुले, दूरियां ना पैदा करें कभी किसी की बातें।
बातों बातों में कह दी है आपसे, हमने अपने दिल की बातें,
समझ सको तो समझ लो, वरना छोड़ दो मेरी बातें।
अपनी दुआओं में कभी हमें भी याद कर लेना।
जब कभी याद आएं आपको हमारी बातें।

दुआ

दवा में भी होता है तब असर,
जब मिलती है उसमें किसी की दुआ।
अपने लिए तो करते हैं सभी,
किसी और के लिए की जाए, तो होती है कुबूल दुआ।

दुआ ना करो केवल कुछ पाने की,
दुआ करो किसी के काम आने की।
अपनी दुआओं में करो पैदा, ऐसा असर,
कि उस खुदा का नूर, तुम्हें आ जाए नज़र।।

दुआ करो सरहद पर खड़ा हर जवान,
मिले उसे लंबी उम्र का वरदान।
सच्चाई से पूरा करो अपना हर फर्ज,
आत्मा पे तुम्हारी ना रह जाए कोई कर्ज़।।

दुआ का अधिकार है केवल उसका,
जो हो दिल का सच्चा और मन का साफ।
मेरी भी है बस एक यही दुआ,
हमारी गलतियों को भी, वो रब कर दे माफ।।

समय

कहते हैं समय बड़ा बलवान होता है।

अच्छा समय हर दिल का अरमान होता है,
तो बुरा समय, इंसान की सच्ची पहचान होता है।

समय कभी एक सा नहीं रहता है,
लहरों की तरह कभी ऊपर तो कभी नीचे रहता है।

बड़ी मुश्किलों और चुनौतियों से भरा है आज भी समय,
हर चेहरे पे दिखता है एक अजीब सा भय।

इस समय को पार नहीं कर पाएगा कोई अकेला,
सबको साथ मिलाने का, ये है ऊपर वाले का खेला।

बहुत दुःखी और परेशान है आज इंसान,
टूट रहा है सबके धीरज का बांध।

कहता है समय, बांट लो एक दूसरे का ग़म,
देने से कभी किसी को ख़ुशी नहीं होती है कम।

कुछ नहीं जाएगा साथ किसी के,
जाना है सभी को एक दिन मसान।
समय रहते, गर ये बात समझ आ गई,
तो शायद, हम भी बन जाएंगे इंसान।।

शब्द

शब्द क्या हैं?
किसी तक अपनी बात पहुँचाने का एक ज़रिया।
शब्द कोष में है कई शब्दों का दरिया।।

काश ! इस शब्द कोष में से,
कुछ शब्द कम हो जाएं।
दूरियां जिन शब्दों ने हमें दी है,
वो सदा के लिए हमसे दूर हो जाएं।।

इंसान की सच्चाई,
उसके शब्दों में नज़र आती है।
सच्चाई नज़रें चुराती नहीं,
और बेईमान नज़रें झुकी नज़र आती है।।

शब्दों से खेलना, सीख गया है इंसान।
अपनी गरिमा से लेकिन, कितना गिर गया है इंसान।।

खेलो खूब खेलो शब्दों से, ये भी एक अद्भुत कला है।
खेलना वही खेल लेकिन, जिसमें किसी का भला है।।

शब्दों का इस्तेमाल, कुछ इस तरह किया मैंने।
खुल गए दिलों के दरवाज़े, उसमें घर कर लिया मैंने।।

शब्द वो एहसास हैं, जिससे रहती है गर्मी रिश्तों में।
शब्द वो विश्वास हैं, जिससे रहती है मुहब्बत दिलों में।।

शब्दों से कम कर सकते हैं आप, किसी की तकलीफों को।
दें सदा अपना विश्वास, कुदरत की मज़बूती को।।

मेरे शब्द कभी ना, मेरी सोच का साथ छोड़ दें।
शब्द के बांध ही जीवन के तूफानों को मोड़ दे।।

मेरे शब्द ही मेरी पहचान होंगे, मेरे हसीन सफर के वो निशान होंगे।
याद करेगा मेरे शब्दों को जब कोई, मेरी मंज़िल के वो मुकाम होंगे।।

आज का दर्शक

क्या हम भूल चुके हैं,
हमें कब दर्शक बनना है, और कब नहीं?
तब भी हम दर्शक बन जाते हैं
जब सहारा देना होता है, केवल देखना नहीं।

आज तो जगह जगह पर दर्शक मिल जाते हैं।
सड़क पर दुर्घटना होते ही, लोग वीडिओ बनाते दिख जाते हैं।।

दूसरों के लिए एहसास रखने वाला इंसान कहीं खो गया है।
ना जाने उसकी सोच को ये क्या हो गया है।।

इंसानी फर्ज से लापरवाह हो गए हैं हम।
दर्द की परीभाषा से बेखबर हो गए हैं हम।।

हमारे दिल क्यों इतने सख़्त हो गए हैं।
क्या हम गलत उसूलों के भक्त हो गए हैं।।

आज आप किसी के दर्शक हो,
तो कल कोई आपका दर्शक होगा।
आज आप किसी के रहनुमा हो,
तो कल कोई आपका खुदा होगा।।

हमें दर्शक बनना हैं,
कलाकारों की प्रशंसा करने वाला।
उसकी मेहनत पर ताली बजाके,
उसका मनोबल बढ़ाने वाला।।

आज़माईशों में दर्शक की नहीं,
दोस्त की ज़रूरत होती है।
ज़्यादा तो नहीं केवल एक,
मदद करने वाले इंसान की ज़रूरत होती है।।

आशा

आशा की आंखों में हो नीर,
तो वो बन जाती है, निराशा।
नीर को कर दो आंखों से दूर,
तो जाग जाएगी आशा।।

'उम्मीद' है आशा का दूसरा नाम,
इसको थामने से बन जाते हैं बिगड़े काम।
इसका दामन पकड़े रहना सदा,
जीवन से दुःख हो जाएंगे जुदा।।

'यकीन' भी है आशा की सहेली,
सुलझा देती है जो उलझी पहेली।
यकीन से ही तो पत्थर भगवान बनते हैं,
डूबती कश्ती के पतवार बनते हैं।।

यकीन और विश्वास चलते हैं साथ साथ,
कई परीक्षाओं को पार कर मिलते हैं इनके हाथ।
जहां यकीन है, विश्वास भी अवश्य होगा,
बसते हैं जिनमें, वो इंसान मज़बूत अवश्य होगा।।

आशा, उम्मीद, यकीन और विश्वास,
ये कीमती मोती हैं यदि आपके पास।
इनसे बड़ी दुनिया में कोई दौलत नहीं,
इन्हीं से सार्थक है आपकी हर सांस।।।

घर

चाहे जैसा भी हो घर,
बनी रहे सदा, रब की मेहर।
खुशियों का हो इसमें बसेरा,
लगे न इसे किसी की नज़र।।

सूरज की रोशनी से रोशन,
रहे दिन का हर पहर।
फूलों की खुशबू की सदा,
बहती रहे इसमें लहर।।

आँगन में हो एक पेड़ बड़ा सा,
पंछियों का हो इसमें बसेरा।
उनके चहकने की गूंज से,
दिनभर गूँजता रहेगा आँगन मेरा।।

होता है वही घर महान,
बड़ों का हो जिसमें आदर और सम्मान।
बच्चों को सदा दें, यही सच्चा ज्ञान,
इन्हीं संस्कारों से बढ़ेगी उनकी शान।।

सच्चाई की हो इसकी नींव,
हो ईमानदारी की छत सर पर।
कभी ना जाए कोई भी निराश,
आए जो लेकर उम्मीद, इस दर पर।।

ईंट पत्थरों से तो बनते हैं मकान,
बड़ी मुश्किलों से लेकिन, बनते हैं घर।
प्यार और विश्वास से सींचने पर ही,
मकान बन सकते हैं घर।।

समस्त देवी देवताओं का हो,
सदा इस इस घर में वास।
धन्य हो जाएगा जीवन,
न रहेगी मन में कोई अधूरी आस।।

जीना है इसी का नाम

न रख कभी किसी से कोई उम्मीद, न रख किसी से कोई आस,
मंज़िलों को अपनी पाना है तुझे, केवल उसी से जो है तेरे पास।
अपनी सच्चाई, हिम्मत और हौंसले पे, कर एतबार और रख विश्वास,
कर जा ऐसा कोई काम, हर दिल से आएगी पुकार जीना है इसी का नाम।।

ख़ामोशियों से करता चल नेकियों के काम,
मिसाल न सही, पर कमाल होगा तेरा हर काम।
देने से किसी को, ना आएगी कमी तेरे जीवन में,
बिना फल की आशा के काम, ही होते है निष्काम।।
चले जाएंगे सभी करके अपने अपने काम,
पर तुम्हारी याद पर आएगी आवाज़ जीना है इसी का नाम।।

मुस्कुराहटें बांटों समेट लो सारे ग़म,
थाम लो बढ़कर गिरते हुए जब देखो किसी को तुम।
फूलों की खुशबू से भर दो सारा आलम,
कोशिशों से अपनी दूर कर दो जीवन के सारे कांटे तुम।।
चाँद सितारे भी करेंगे तुम्हारी बात,
कहेंगे वो भी यही बार बार जीना है इसी का नाम।।

बोलो ऐसे बोल की शब्दों में हो प्यार,
मिलो तो ऐसे, कि तुम्हारे आने से आ जाए बहार।
निभाओ तो ऐसे, कि सभी यही कहें 'वाह यार',
और जाना तो ऐसे कि दुनिया कहे 'थोड़ा रुक जाते दिन चार'।।

बन जाए तुम्हारा जीवन एक मिसाल,
भूलने की कोशिश में तुम याद आओ बार बार।
मिलोगे जब खुदा से, जन्नत के उस पार,
तो कहेगा खुदा 'जीना था तुम्हारा बड़ा ही शानदार'।।

ज्ञान ही महान

जिस तरह ज्ञान की कोई सीमा नहीं होती,
उसी तरह उसे पाने की कोई एक जगह नहीं होती।
जहां मिले, जिससे मिले, ले लो जितना चाहे उतना ज्ञान,
भर लो अपनी झोली और बन जाओ विद्वान।।

ज्ञान का कोई मूल्य नहीं, ज्ञान की कोई जाति नहीं,
ज्ञान का मोती है सबके लिए, ज्ञान कोई सीमा बनाती नहीं।
ज्ञान ही है सच्ची दौलत, ज्ञान ही है सच्चा साथी,
ज्ञान ही है आपका हमसफर, जलती रहे सदा इसकी बाती।।

ज्ञान की ज्योति से होगा चारों तरफ उजाला,
दूर हो जाएगा, कइयों के जीवन का अँधियारा।
ये वो खज़ाना है जो कभी खाली होता नहीं,
ये वो हुनर है जो कोई चुरा सकता नहीं।।

यदि ज्ञान है आपके पास तो कोई वक़्त बुरा नहीं,
यदि ज्ञान है आपके पास तो कोई सफर मुश्किल नहीं।
ज्ञान की डोरी को थाम चलते रहो सदा,
इस एक मज़बूत सहारे से कोई मंज़िल नामुमकिन नहीं।।

जीवन के हर मोड़ पे मिलते है शिक्षक,
दे जाते है जो बड़े कीमती सबक।
रखो याद तुम इन्हें सदा,
बड़े काम के होते है जीवन के ये सबक।।

ये वो दौलत है जो बांटने से ही बढ़ती है,
ये वो खुशी है जो दूसरों की मुस्कुराहटों से ही मिलती है।
यदि तुम्हारे दिये ज्ञान मे होगा किसी का नाम,
उस काम में चमकेगा तुम्हारा भी एक नाम।।

दिल दियान गल्लां

सुण वे महिया, सुणदा जा वे,
की कैंदा है तेनु मेरा ए छल्ला।
दिलां विच ही ना रै जावे,
थोड़ी तू वी सुण जा, मेरे दिल दियां गल्लां।।

मेरे दिल नू तोड़ तू मुडया ही नहीं,
बेरुखियाँ तेरी मेरा दिल भूल्या ही नहीं।
ईक वारी आके देख ता एदा हाल,
कल्ले बैके सुणदे हां असी, अपने ही दिल दिया गल्ला।।

ऐहो दिल विच कदी तेरा वसेरा सी,
एहो दिल मेरा कदी तेरा वी सी।
मेरे दिल दी हुक बुलावे तेरा नां हर पल,
तक दी है तेरी ही राह, ते करदी है तेरीयाँ ही गल्ला।।

तेरे ज्यां मेरा दिल नई इना पक्का,
करदा है अज वी इंतज़ार, क्यों की प्यार है सच्चा।
आजा पलट के ईक वार जद तक है सांसा,
देर करेगा, ते कौन दसेगा तेनु मेरे दिल दियां गल्ला।।

मैं तो हूं केवल एक ज़रिया

करता जा नेकियों के काम,
जान खुद को खुशनसीब, यदि वक़्त ने दिया तुझे ये मुकाम।
याद दिला खुद को सदा ये बात, कि मैं तो हूं केवल एक ज़रिया।।

होता है वही जो होती है उसकी मर्ज़ी,
इसमें नहीं चलती किसी की भी अर्ज़ी।
तेरे मन में ना हो कोई सवाल,
केवल हो यही बात, कि मैं तो हूं केवल एक ज़रिया।।

जो तूने दिया वो तेरा कभी ना था,
ना साथ कुछ लाया, ना साथ कुछ ले जाना था।
फिर भी यदि लालच का हो तुझमें वास,
तो समझा खुद को ये बात, कि मैं तो हूं केवल एक ज़रिया।।

है यदि सच्चा ज्ञान तेरे पास,
कर उस ज्ञान से सबका विकास।
ना हो घमंड, ना हो अहंकार,
रख केवल एक विश्वास, कि मैं तो हूं केवल एक ज़रिया।।

तेरे कर्मों से ही होगी तेरी पहचान,
करनी से तेरी मिले किसी को जीवन दान।
इसी से सार्थक होगा जीवन और बनेगी शान,
ना बह जाना इसमें भूल के ये बात, कि मैं तो हूं केवल एक ज़रिया।।

शब्दों से तेरे मिले किसी को सुकून और आराम,
तेरे सहारे मिले किसी को सफलता और सम्मान।
इसीलिए तो बना था इंसान, खुद को लेकिन समझने लगा भगवान,
भूल गया असली बात, कि मैं तो हूं केवल एक ज़रिया।।

दुआओं से किसी की होगा तेरा कल्याण,
यही है सच्ची दौलत और वरदान।
करवाता है कोई और करता है कोई,
मत भूल उसकी पहचान, भुला के सारे गुमान,
जीवन का तेरे हो केवल एक ही ज्ञान, कि मैं तो हूं केवल एक ज़रिया।।

मैं तो केवल एक ज़रिया हूँ,
उसके इशारे पे बहने वाला दरिया हूँ।
मैं नहीं तो कोई और करेगा उसके काम,
किसी के ना होने से रुकते नहीं उसके काम।।

मधुर बोल

मधुर बोल बोलो और बना लो सभी को अपना,
मधुर बोल आसान कर देगा मुश्किलों को पार करना।
मधुर बोलों में होती है अद्भुत शक्ति,
मधुर बोल, देते हैं गलत विचारों से मुक्ति।।

मधुर बोलों का हो, ना कोई विकल्प,
मधुर बोल बोलना सदा, ऐसा हो आपका संकल्प।
मधुर बोलों से ही तो जीत सकते हो दुनिया,
मधुर बोलों से ही तो मिटा सकोगे दिलों से दूरियाँ।।

मधुर बोल कर देते हैं नफ़रतों को विफल
मधुर बोलों के आगे नहीं चलता कोई बल।
मधुर बोल कर देते हैं बुराईयों को निष्काम,
मधुर बोलों से ही तो बनेंगे सारे बिगड़े काम।।

एक बार इसे अपने जीवन में जगह तो दीजिये,
इसकी सरलता कर देगी आपको भी हैरान।
मधुर बोलों का यदि आपके जीवन में होगा स्थान,
स्वस्थ ओर सुखी जीवन का, मिलेगा आपको वरदान।।

एक अनोखी दोस्ती

दो दोस्तों की कहानी आपकी नज़र है जनाब,
इनके नाम है कलम और किताब।
युगों पुरानी है इनकी दोस्ती,
इसकी दोस्ती तो है आफताब।।

अतीत का खज़ाना अपने अंदर संभाले हैं,
सुनहरे भविष्य के सपने इन्होंने भी पाले हैं।
हर युग का होता है, इनके पास पूरा हिसाब,
इनके सीनों में भी तो दबे होते हैं कई बड़े बड़े राज।।

ज्ञान, विज्ञान का होगा विस्तार इनकी दोस्ती से,
नए युग का होगा संचार इनकी दोस्ती से।
धरती पर है नक्षत्रों का हिसाब इनकी दोस्ती से,
समुद्र की गहराई का भी तो है अंदाज़ा इनकी दोस्ती से।।

कलम जब अपनी स्याही किताब के वजूद पर बीखेरती है,
तो उसकी लिखी हर बात, किताब के दिल में गहरे उतरती है।
उन लफ्ज़ों को किताब युगों युगों तक संजोय रखती है,
कलम की लिखी हर बात, तभी तो इतिहास रचती है।।

रंग होगा गहरा जितना सियाही का,
लफ्ज़ों में होगा उतना ही असर सच्चाई का।
कलम की लिखी बात को कोई मिटा सकता नहीं,
मिटाना चाहे भी तो उसके निशान हटा सकता नहीं।।

दिलों को मिलाती है, इनकी दोस्ती,
कई कुर्बानियाँ करवाती है, इनकी दोस्ती,।
इतिहास बनाती है, इनकी दोस्ती,
हर जगह इस्तेमाल की जाती है, इनकी दोस्ती।।

सफलता का परचम लहराया, इनकी दोस्ती ने,
रिश्तों को बनाया और निभाया, इनकी दोस्ती ने।
दूरियों को भी मिटाया है, इनकी दोस्ती ने
दूसरों की करनी का इल्जाम अपने सर उठाया, इनकी दोस्ती ने।।

कवि बनने की मेरी भी एक कोशिश

आजकल हर कोई कवि बन रहा है,
बड़ा अजीब ये दौर चल पड़ा है।
कवि तो पहले भी हुआ करते थे,
पर आजकल नए किस्म के कवि का चलन चल रहा है।।

सोचा चलो में भी क्यों ना एक कोशिश कर लूं,
अपनी भावनाओं को मैं भी क्यों ना जरा टटोल लूं।
लेकर कलम और किताब बैठ गया मैं भी आखिरकार,
सोचा, अगर मैंने भी कविता लिख ली तो मैं भी बन जाऊंगा कलाकार।।

मेरे मन में आया जैसे ही ये विचार,
लगा सारे शब्द मुझसे दूर भागने लगे हैं।
मेरी इस इच्छा को सुन वे भी मुझसे कतराने लगे हैं,
बड़ा अजीब था उनका ये व्यवहार,
मैंने कहा, 'घबराओ मत मेरे यार,
नए शब्दों के साथ तुम्हें मिलाकर बनाऊंगा एक सुंदर हार'।।

मेरी इस बात से शायद उन्हें थोड़ी तसल्ली हुई।
धीरे धीरे शादों के दरवाज़े खुलने लगे,
कविता लिखने की मेरी कोशिश तब कहीं जाके शुरू हुई।।

चलो जी करते हैं हम भी अपनी कविता का आगाज़,
सोचने लगा कैसा होना चाहिए मेरी कविता का अंदाज़ और मिजाज़।
हास्य, विरह, रुद्र, वीर, श्रृंगार या फिर देशभक्ति, इन सब पर होने लगा विचार,
घूम फिर कर वहीं लौट आया जहां से शुरू हुआ था ये विचार।।

फिर सोचा सबसे पहले होना चाहिए शीर्षक का चुनाव,
इसी से शुरू होगा ये अनोखा सफर और किनारे पहुँचेगी मेरी नाव।
आया मन में फिर एक बहुत ही उत्तम ख़्याल,
'प्रेम' हां यही होना चाहिए शीर्षक मेरी कविता का,
भा गया मुझे भी अपना ये ख़्याल।।

प्रेम

ढाई अक्षर का छोटा सा शब्द होता है प्रेम,
ताकत होती है लेकिन इसमें कई गुना।
इसके आगे झुकाते हैं अच्छे अच्छे अपना शीश,
इसके कदमों में हो जाते हैं तख़्तों ताज फना।।

प्रेम का जाप करते रहो सदा,
रहोगे सदा उस रब के करीब।
ये अदा है उसकी भी पसंदीदा अदा,
प्रेम से खुल जाएंगे तुम्हारे नसीब।

इस से ज़्यादा मुझे लिखना आता नहीं,
सोचते सोचते थक गया हूं, शायद अब और कुछ सुझाता नहीं।
मेरी इस कोशिश का आप भी करना थोड़ा सम्मान,
तालियां ना सही, बस दे देना चेहरे पे एक मुस्कान।।

रिश्ते

बड़े नाजुक होते हैं ये रिश्ते,
दिलों के बड़े करीब होते हैं ये रिश्ते।
एक बार जुड़ जाए, तो रहते हैं याद सदा,
दिल की गहराइयों में बसते हैं ये रिश्ते।।

मानो या ना मानो इनकी एहमियत को तुम,
दूर हो सकते है पर टूटते कहां है ये रिश्ते।
पेड़ कभी अपनी जड़ों से छूटता नहीं,
उसी तरह कभी टूटते नहीं एक बार बने हुए रिश्ते।।

अपने रिश्तों से पाने की उम्मीद रखने वालों, ये बताओ,
क्या तुमने इन्हें को खाद दी, जिनसे फलते फूलते हैं रिश्ते?
करोगे इनकी इज्जत और दोगे इन्हें प्यार और सम्मान,
तो सदा तुम्हारे आस पास मुस्कुराएंगे ये रिश्ते।।

रिश्तों को परखने की हिम्मत नहीं मुझमें,
हल्की आहट से ही टूट जाएंगे ये रिश्ते।
बड़ा गुमान था जिन रिश्तों पर मुझे,
हवा के रुख से बदल गए वो रिश्ते।।

ऐसा नहीं कि रिश्ते केवल दौलत की जमीन पर ही बनते हैं,
कमज़ोर डोरियों से भी तो जुड़ते हैं रिश्ते।
रिश्तों की सच्चाई का इम्तहान वक़्त लेता है,
बुरा वक़्त ही तो पहचान कराता है सच्चे रिश्ते।।

एक गुजारिश है मेरी, रिश्तों में गर्मी बनाए रखना,
पथर दिल भी पिघलाएंगे एक दिन ये रिश्ते।
सच्चाई किसी गवाह की मोहताज नहीं होती,
सच्चाई तेरी पहचान जाएंगे एक दिन ये रिश्ते।।

मन की बात मन ही जाने

बहुत कुछ सोचता और कहता है मन,
सही गलत की शायद उसे समझ नहीं।
बार बार दोहराता है अपनी हर बात,
क्या उसे मेरे मन की हालत का अंदाज़ नहीं।।
समझता नहीं, कई कोशिश की समझाने,
मन की बात मन ही जाने....

उसकी बातों पर मेरा कोई इख़्तियार नहीं,
उसकी मासूमियत का भी कोई जवाब नहीं।
उलझाए रखती हैं दिन भर मुझे,
उसकी मुस्लस्ल कोशिश भी लाजवाब नहीं।।
उसे चुप कराने के चलते नहीं कोई बहाने,
मन की बात को केवल मन ही जाने....

ये मन ही तो है जो तराज़ू में तोलता है,
सही गलत हर बात को कितनी आसानी से बोलता है।
करवाता है परिचय नए नए विचारों से हमारा,
बूझो सही बात, ये कह कर कई बंद दरवाज़े खोलता है।।
उसकी चालाकियों को कोई कैसे पहचाने,
मन की इस चाल को मन ही जाने....

सही चुनाव करने पर मन प्रसन्न हो जाता है,
उसकी पहेली के सुलझने पर, गुलाब सा खिल जाता है।
उन चुनावों का परिणाम भी तुरंत दिख जाता है,
उसे तब अपने जीवित होने का यकीन हो जाता है।।
अगली पिछली सभी बातों को भूलना ना जाने,
मन की इस दशा को केवल मन ही जाने....

ज़िंदगी का फलसफा

भूल जाओ वो बातें जो पैदा करे तनाव,
भूल जाओ वो शिकवे गिले, जिनसे हो प्रेम में अभाव।

करदो माफ और लगा लो गले,
फिर चाहे हम कभी मिलें या ना मिलें।

बना दो यादगार हर लम्हा,
ज़िंदगी गुजारो होके बेपरवाह।

ख़्वाहिशों को अपनी, कर लो पूरा वक़्त रहते,
पोंछ लो आँसू और मुस्कुरा लो वक़्त रहते।

मिलती हैं ज़िंदगी एक बार,
किस्मत भी सदा नहीं करती इंतज़ार।

तजुर्बे का मेरे है यही निचोड़,
चले जाना है सबको एक दिन इस महफिल को छोड़।

वक़्त वक़्त ही होती हैं बात,
कौन करता है सदा किसी को याद।

मेरे ख़्वाबों का भारत

मेरे ख़्वाबों का भारत कुछ ऐसा होगा,
घर घर में जब होगी खुशहाली, हर आँगन में सुख का सूरज निकलता होगा।
प्रेम और प्यार का जहाँ रहता होगा वास,
हर व्यक्ति दूसरे व्यक्ति का आदर करता होगा।।

शिक्षा पर होगा सभी का अधिकार एक समान,
छोटे बड़े का फर्क मिटा दे जो,
मिले सबको ये सच्चा ज्ञान।
भेदभाव और नफ़रत के दीमक का मिट जाएगा नामों निशान,
एकता में ही है शक्ति, करेगा जब इस बात पर अमल ये देश तमाम।।

बहन बेटियों की रक्षा का प्रण लेगा हर वो इंसान,
जिसने कभी बँधवाई होगी राखी,
और दिया होगा रक्षा का वचन बहन के हाथ को थाम।
जब परिवार में मिलेगा बहू को बेटी का स्थान,
और घर के बुजुर्गों को मिलेगा आदर और सम्मान।।

मेरे देश की धरती तब मुस्कुराएगी,
जब ये नारा सत्य होगा 'जय जवान जय किसान'।
देश के प्रति अपने ऋण को चुकाएगा जब हर इंसान,
आज़ादी की सच्ची लहर से तब महक जाएगा सारा गुलिस्तान।।

विचार

मेरी मैहरूमीयों ने कुछ इस तरह तराशा मुझे,
कि एक मज़बूत किरदार बना डाला मुझे।
लम्हा लम्हा निखरता गया ये,
हर लम्हे ने और खूबसूरत बना डाला मुझे।।

अल्फाज़ों के असर का सही अर्थ,
तब समझ आया मुझे।
जब मेरे शब्दों से, किसी के चेहरे पे,
सुकून नज़र आया मुझे।।

इंसान की असली पहचान,
उसकी ज़ुबान और उसका काम।
है सच्चाई गर इसमें तो,
मिलेगी सफलता तुझे हर मुकाम।।

बदरंग ज़िंदगी में तुझे,
रंग भरते देखा है मैंने।
तिरस्कार को अपनाइयत में,
बदलते देखा है मैंने।।
तेरी बेआवाज़ लाठी ने,
बदल दिया सब कुछ।
सज़ा को दुआ में,
बदलते देखा है मैंने।।

अपने दायरे कितने तंग कर लिए हैं तुमने,
खुद को अपने अंदर कैसे समेट पाते हो?

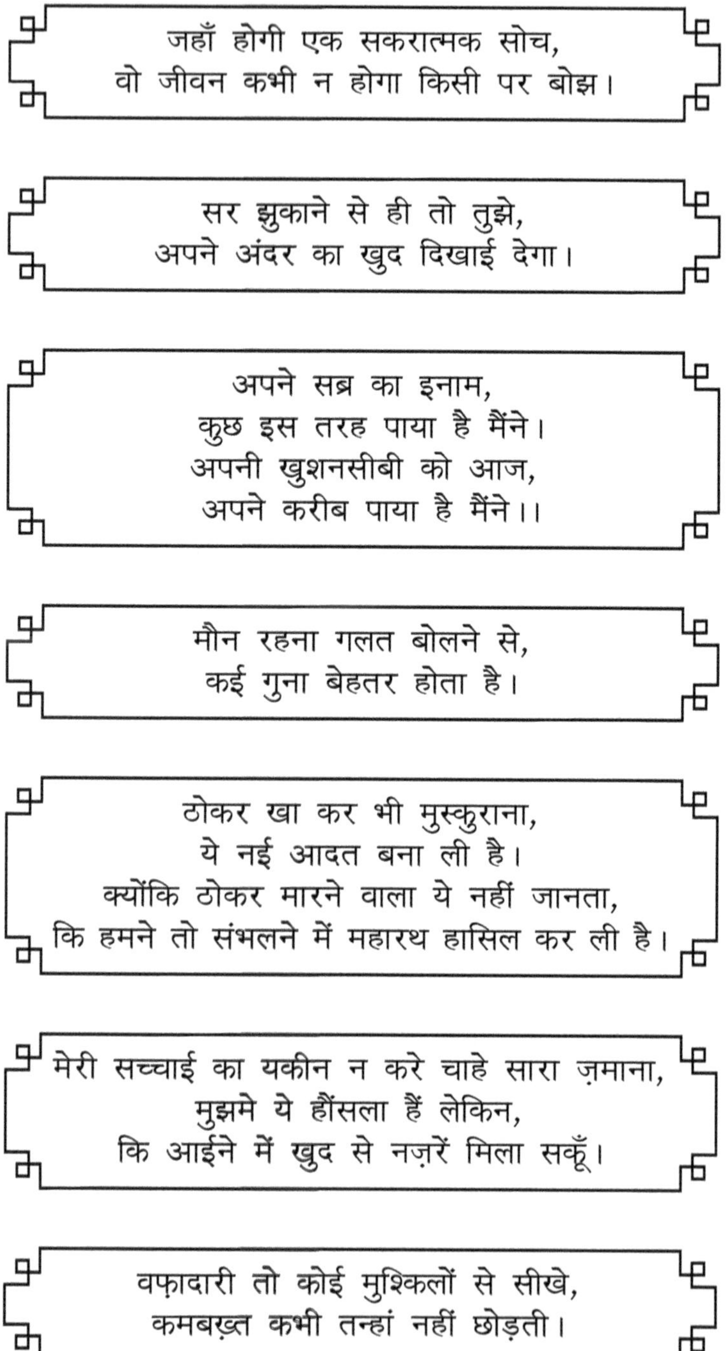

जहाँ होगी एक सकरात्मक सोच,
वो जीवन कभी न होगा किसी पर बोझ।

सर झुकाने से ही तो तुझे,
अपने अंदर का खुद दिखाई देगा।

अपने सब्र का इनाम,
कुछ इस तरह पाया है मैंने।
अपनी खुशनसीबी को आज,
अपने करीब पाया है मैंने।।

मौन रहना गलत बोलने से,
कई गुना बेहतर होता है।

ठोकर खा कर भी मुस्कुराना,
ये नई आदत बना ली है।
क्योंकि ठोकर मारने वाला ये नहीं जानता,
कि हमने तो संभलने में महारथ हासिल कर ली है।

मेरी सच्चाई का यकीन न करे चाहे सारा ज़माना,
मुझमे ये हौंसला हैं लेकिन,
कि आईने में खुद से नज़रें मिला सकूँ।

वफ़ादारी तो कोई मुश्किलों से सीखे,
कमबख़्त कभी तन्हां नहीं छोड़ती।

ग़र्मजोशी से मिलने वालों के दिल साफ होते हैं।
यकीन मानिए, ऐसे लोग बड़े ही खास होते हैं।।

ऊँचाइयों पर पहुँचने वालों को,
दूसरों के कद छोटे नज़र आते हैं।
हकीकत की जमीन पर उतरते हैं जब,
अपनी सच्चाई देख नज़रें चुराते हैं।।

प्रेम के बदले मिले प्रेम ये ज़रूरी नहीं,
सच्चाई के बदले मिले सच्चाई ये भी ज़रूरी नहीं।
पर इसका मतलब ये तो नहीं,
कि दुनिया को प्रेम और सच्चाई की ज़रूरत ही नहीं।।

एक न एक दिन तो मंज़िल मिल ही जाएगी,
एहम तो ये बात है कि,
उस तक पहुँचने का सफर कैसा था।

दूसरों के दिए ग़म को,
अपने अनुभवों की गिनती में जोड़ दो।
उसका उपयोग कुछ इस तरह करें,
की टूटे दिलों को जोड़ दो।।

जीवन किसी का भी सरल नहीं होता है,
सही सोच और सही चुनावों से ही ये सफल होता है।

जो निभाना जानता होगा रिश्तों को,
वो हर परिस्थिति में साथ होगा।
और जो तोड़ना चाहता होगा रिश्तों को,
वो बिना किसी बात के नाता तोड़ देगा।।

नफ़रत के बीज को,
सब्र के पानी से सींचना।
इस अद्‌भुत हुनर को,
बहुत ज़रूरी है सीखना।।

जितनी लिखी हैं,
उतनी ही साँसे मिलती हैं।
किस बात का है गुरूर तुझे,
ये साँसे भी तो उसकी मर्जी से चलती हैं।।

यदि तुम्हारी अनकही बातों का मतलब,
कोई समझ नहीं पाता।
तो यकीन कर लो इस बात का,
वो तुम्हें अभी नहीं जानता।।

जब जब जो जो होना है,
तब तब सो सो होता है।
जो पास है उसकी खुशी मना,
जो पास नहीं, क्यूँ उसको रोता है।।

अंधेरे उजाले का मिलन,
भी कितना अजीब होता है।
जब जब दीपक जलता है,
अंधेरा उसके कदमों तले होता है।।

मानवता और इंसानियत रहे सदा आपके संग,
इसी रंग से होगी जीवन में उमंग।
भावनाओं का करो सम्मान, शब्दों का हो सही चुनाव,
सकारात्मकता की बहेगी तब एक तरंग।।

पहले फूल था तो सभी प्रेम करते थे,
आज मुरझा गया हूँ, तो पैरों तले कुचलते हैं।
समय के साथ नज़रिए भी बदल जाते हैं,
ज़िंदगी के इन्हीं नियमों पर लोग चलते हैं।।

बनाओ ऐसे संबंध, जिनका दायरा साँसों से परे का हो।
साँसे साथ छोड़ दें, फिर भी संबंध दिल से जुड़ा हो।।

साधन और समझ का है इतना सा फसाना,
साधन होने से समझ हो ये ज़रूरी नहीं।
पर समझ यदि हो,
तो साधन बनाना मुश्किल नहीं।।

अपने शब्दों का चयन कुछ इस तरह किया करें,
कि हर शब्द अदब के दायरे में रहे।

दोस्ती की सबसे बड़ी ख़ासियत ये होती है,
कि दोस्ती बेज़ुबान होती है।
बिन कहे समझ जाए जो हर बात,
वो दोस्ती सच्ची दोस्ती की मिसाल होती है।।

दुआएँ देने का कोई वक़्त मुकरर नहीं होता है,
जब दिल चाहे दुआएँ दे दिया कीजिए।
पहुँच जाएगी हम तक आपकी हर दुआ,
अपनी दुआओं की सच्चाई पर यकीन कीजिए।।

यदि मन में हो नफ़रत और बैर,
उस खुदा के दर जाना, तब होती है केवल सैर।

न जाने किस खुदा के बंदे की दुआओं से चल रहे हैं हम,
वक़्त ने तो कोई कसर नहीं छोड़ी थी हमें मायूस करने की।

ऊपर उठने की अपनी ताक़त को बनाए रखना,
वक़्त रहता नहीं एक समान, कब बदल जाए ख्याल रखना।
मेहनत की सच्चाई बिना, मिलती सफलता नहीं,
अपनी आदतों में इस एक खूबी को बनाए रखना।।

भोला कबूतर और सियानी बिल्ली

चलो तुम्हें ले चलें एक ऐसे गांव,
जिसके दिन है सुहाने और रात मस्तानी।
उसी गांव में रहती है एक बिल्ली,
नीली आंखों वाली और बड़ी ही सियानी।।
उसकी चालाकी के बड़े चर्चे थे,
उसकी एक आहट से अच्छे अच्छे डरते थे।
छोटे बड़े किसी का भी लिहाज़ नहीं था उसको,
मनमानी और जबरदस्ती की आदत थी उसको।।
वक़्त बे वक़्त किसी के भी घर मुंह उठा चली जाती,
भरे घर में दौड़ दौड़ के, सबको खूब सताती।
फिर किसी कोने में जा के छुप जाती,
बहुत ढूंढने पर भी, किसी के हाथ नहीं आती।।
फिर अचानक से कूदती फांदती प्रकट हो जाती,
और तेजी से अपना काम कर, सटक जाती।
हर घर में उसके हिस्से का दूध होता,
कोई माने या ना माने, दूध की पतिली पर उसका भी अधिकार होता।।

जीतना मर्जी छुपा लो वो दूध का पतील भांप जाती,
जब जिस समय उसे भूख लगती वो उसमे मुंह मार जाती।
इस एक बिल्ली ने सबका जीना मुश्किल किया था,
इसलिए सबने उसका नाम बिजली रख दिया था।।
अपनी नीली नीली आंखों से जब भी वो किसी से नज़रें मिलती,
समझ लो उस व्यक्ती की तो शामत ही आ जाती।
एक दिन वो टहलते टहलते गांव से कहीं दूर निकल गई,
मानो जैसे पूरे गांव की लौटेरी निकल गई।।

कई दिनों तक उसके दर्शन ही नहीं हुए,
चिंता होने लगी सबको तो वे उसे ढूंढने निकल गए।
कोई नहीं चाहता था, कि वो वापस आए,
इसलिए आधे अधूरे मन से उस ढुंढ सारे लौट आए।।
ना मिली वो किसी को, ना ही दिखी वो किसी को,
सबने सोचा की कोई चुरा ले गया होगा उसको।
चलो ये बला टली, सभी इसमें खुश थे,
अब ना कोई दूध का पतीला टटोलेगा, और ना ही घरों में हुड़दंग मचेगा इस बात से निश्चिंत थे।।

टहलते टहलते वो एक नए गांव पहुंच गई थी,
नई जगह को देख, थोड़ा सहम गई थी।
सब कुछ उसके लिए यहां नया था,
यहां रहने के अलावा, कोई और उपाय भी नहीं था।।
वो चुप चाप एक पेड़ के नीचे आराम कर रही थी,
अचानक उसके कानों में गुटर गुं गुटर गूं की आवाज आई।
इस नई आवाज को सुन वो थोड़ा घबराई,
फिर कुछ देर ठहर अपनी असलियत पर उतर आई।।
बड़े तीखे अंदाज से जब उसने ऊपर की ओर देखा,
ऊपर बैठे कबूतर ने भी बड़े प्यार से उसकी ओर देखा।
बिल्ली अपने तेवर दिखाती रही,
कबूतर को अपने अंदाज से डराती रही।।
वो कबूतर बहुत ही भोला भाला था,
बिल्ली की चालाकीयों ना समझने वाला था।
बिल्ली का आना पहले तो उसे अच्छा ना लगा,
पर फिर आए हुए मेहमान को नाराज करना, अपना ऐसा व्यवहार भी उसे सही ना लगा।।

उस घरौंदे में कबूतर अकेला ही रहता था,
कोई नहीं था साथ उसके, इसलिए खुद से ही गुटर गूं कर लेता था।
कुछ देर ठहर बिल्ली वहां से चली गई,
अपनी भूख को शांत करने किसी के घर घुस गई।।
उसके अंदर जाते ही घर में तूफान आ गया,
सारे चिल्लाने लगे, 'चोर आ गया, चोर आ गया'।
डर के कारण बिल्ली भी घबरा गई,
दुम दबाकर वो भी वहां से भाग गई।।
कबूतर का ही ठिकाना याद था उसको,
भाग कर वो उसी पेड़ पर छुप गई।
भूख से उसका बड़ा बुरा हाल था,
उसका शरीर थकान से बेहाल था।।
कबूतर को वहां ना पा कर वो बहुत उदास हो गई,
थकान इतनी थी कि एकदम उसकी आंख लग गई।
कई घंटों तक वो सोती रही,
अचानक गुटर गूं की आवाज ने उसे जगा दिया।।

कबूतर के पंखों की फड़फड़ाहट ने,
उसे सपनों की दुनिया से बुला लिया।
उसके उठते ही कबूतर ने एक ऊंची उड़ान भरी,
बिल्ली ने भी उसके पीछे पीछे चलने की ठान ली।।
दोनों एक तालाब के किनारे पहुंच गए,
बिल्ली ने ढेर सारा पानी पिया और दोनों किनारे बैठ गए।
तालाब में बहुत सी मछलियां थी,
उनमें से कुछ उड़ते उड़ते किनारे गिर जाती थी।।
बिल्ली ने तुरंत एक मछली पकड़ी और अपनी भुख मिटाई,

मन ही मन उसके कबूतर का धन्यवाद किया, जिसने उसे ये जगह दिखाई।

कई दिनों ये सिलसिला चला, अब दोनों में दोस्ती भी हो गई थी,

बिल्ली भी अब उसी गांव की हो गई थी।।

सुबह शाम गांव वाले उसके लिए दूध रख जाते,

कबूतर के लिए भी दाना पानी छोड़ जाते।

अब ना उसे किसी के घर जाने की ज़रूरत होती,

ना ही किसी को परेशान करने की कोई कोशिश होती।।

कबूतर के शांत स्वभाव सा उसका भी स्वभाव शांत बन गया था,

इस एक दोस्ती ने सदा के लिए उसका जीवन बदल दिया था।

अच्छी संगत का असर भी तो अच्छा ही होता है,

अच्छे दोस्त की दोस्ती में ही भगवान बस्ता है।।

एक बोतल की व्यथा

आज अचानक सफाई करते वक़्त मेरी नज़र एक कोने में पड़ी एक बोतल पर पड़ी। उसे देख एक अजीब सा ख़्याल मुझे घेरने लगा। इस बोतल की भी क्या ज़िंदगी है? इसका अपना कोई नाम नहीं, जिसका लेबल इस पर चिपका दो वही उसकी पहचान बन जाता है, और वही उसका नाम बन जाता है। जैसे हम जब एक डिटोल की बोटल खरदीते हैं, तो वो आती तो डिटोल बन कर है पर डिटोल के ख़त्म होते ही वो या तो किसी तेल की बोतल में बदल जाती है या फिर कुछ और जब चाहा जैसे चाहा वैसे उसका इस्तेमाल कर लिया या नाम दे दिया। वैसे तो ये बहुत आम सी बात है, मैं कोई विचित्र या नयी बात नहीं कर रही। पर सोचो यदि उस बोतल का भी कोई मन होता, तो उसे कैसा लगता?

कई दिनों तक वो घर एक कोने में पड़ी रहती है। उसका इस्तेमाल करके, शायद बड़ी बेरुखी से हम उसे एक तरफ रख देते होंगे। कभी पलट कर देखते भी नहीं होंगे कि हमने उसे सही से रखा भी या नहीं क्या हम रोज़ उसकी साफ सफाई करते हैं या नहीं? वो सारा दिन एक ही जगह पर पड़े पड़े बोर हो जाती होगी ना। उसका मन भी तो करता होगा कि कभी किचन में, तो कभी बालकनी में जाए थोड़ी देर सोफे पे आराम से बैठकर टीवी देखे, या कभी कोई म्यूजिक जो उसे बहुत पसंद हो उसे सुने बिलकुल हमारी ही तरह। वो तो बस केवल राह देखती होगी, कि कोई तो आए और उसे इस जगह से दूसरी जगह ले जाए हर पल उसे एक इंतज़ार ही रहता होगा। सोचो ज़रा उसके दुःख के बारे में, कि वो कितना ज़्यादा निर्भर है अपनी छोटी सी खुशी पूरी करने के लिए।

ऐसे ही अनेक ख़्यालों में उसके न जाने कितने ही दिन बीत जाते होंगे। उसे ये भय भी सताता होगा कि आज तो वो किसी काम की है इसीलिए इस घर में रह रही है। कल जब उसकी किसी को ज़रूरत नहीं होगी, तब उसका क्या होगा। अपने इस अंजाम को सोच उसका दिल भी तो दहल जाता होगा, जैसे हमारा दिल ये सोच कर दहल जाता है, कि आज तो हम चलफिर रहे हैं। घर का सारा काम कर रहे हैं, कमा रहे हैं, बच्चों की परवरिश के लिए सब कुछ कर रहे हैं और

कर सकते हैं। कल जब वक़्त और हालात बादल जाएंगे तब क्या होगा। जब हम अपने ही कामों के लिए दूसरों पर निर्भर हो जाएंगे तब क्या होगा?

कल जब उसकी ज़रूरत समाप्त हो जाएगी, या फिर वो आज जितनी आकर्षक है उतनी आकर्षक नहीं रहेगी तब उसके साथ क्या होगा। या तो उसे किसी कूड़ेदान में फेंक दिया जाएगा, या फिर कोई कबाड़ीवाला उसे ले जाएगा। अपने इतने दुःखद अंत को सोच उसकी आँखें भी तो छलकती होंगी और यदि कोई समझदार हुआ तो वो उसका रूप बदल कर, उसे किसी न किसी काम का ज़रूर बना देगा। हो सकता है वो उसे पहले से भी अधिक सुंदर और उपयोगी बना दे। एक इस उम्मीद से उसे थोड़ी तसल्ली ज़रूर मिलती है। और यदि ऐसा हो जाएगा, तो उसे इस घर में कुछ और समय रहने का मौका मिल जाएगा। ऐसा भी हो सकता है कि उसे किसी और को उपहार में दे दिया जाये, उसके इस नए रूप के साथ।

अचानक ही मुझे उस बोतल से एक लगाव सा महसूस होने लगा, इतने समय से वो इस घर में थी पर ऐसा मुझे कभी भी नहीं महसूस हुआ उसके लिए, जैसा इस वक़्त हो रहा था। हम भी तो ऐसा ही करते हैं, एक व्यक्ति जो हमारे बहुत ही करीब होता है, बिलकुल हमारे पास, हमारे साथ रहता है कई सालों तक पर हम उसकी एहमियत या उसके भावनाओं को नज़रअंदाज़ करते रहते हैं। और ये सिलसिला बहुत समय तक चलता है, फिर एक दिन वो व्यक्ति हमसे दूर बहुत दूर चला जाता है, तब हमें उसकी कमी सताती है, उसकी एहमियत का एहसास होता है। पर तब बहुत देर हो चुकी होती है। इस सोच से मेरी आंखें नम हो गयीं। मैंने देखा कि मैंने कई दिनों से इस जगह की सफाई तक नहीं की थी, उस बोतल पर धूल मिट्टी, जाले लगे हुए थे। उसकी हालत बहुत बुरी थी। इस बात से मुझे ये भी एहसास हुआ कि हमारे जीवन में ऐसे कई एहम रिश्ते या लोग होंगे जिनसे हमने सालों से बात तक नहीं की है, कभी उनका हाल चाल भी नहीं पूछा। उन रिश्तों पर भी तो धूल मिट्टी पड़ गयी होगी, उसकी हालत भी तो बिलकुल इस बोतल की सी हो गयी होगी। मैंने तुरंत ही उसे उठाया, अच्छे से साफ किया और बिलकुल साफ सुथरा कर कर किसी नयी जगह पर रख दिया।

ऐसा करने से मुझे एक अजीब सी ख़ुशी का एहसास हुआ। ऐसा लगा मानो मैंने कोई बहुत बड़ा काम कर दिया हो। मेरी इस ख़ुशी को सभी ने महसूस किया, हर कोई मुझसे बार बार पूछने लगा कि आज कोई खास बात है क्या? उस दिन मैंने उन सबको भी कॉल किया जिन्हें शायद मैंने कई महीनों या यूं कहे सालों से कॉल नहीं किया था। मेरी आवाज़ सुन कर, मुझसे बात कर वे सब भी बहुत ख़ुश हुए।

सही मायने में मनुष्य एक बहुत ही संवेदनशील व्यक्ति है, क्योंकि भगवान ने हमें दिल दिया है। ये दिल इंसान को विनम्रता और संवेदनशीलता सिखाता है। दिल बहुत ही पवित्र होता है, भावुकता पैदा करता है, प्रेम उत्पन करता है दूसरों के प्रति। हमें खुद को और दूसरों को सदा ये याद दिलाना चाहिए कि दिल की बात मान लेनी चाहिए। जिस तरह दिल पवित्र होता है उसी तरह दिल के रिश्ते भी पवित्र होते हैं।

सच्ची देशभक्ति

जब पक्षी का बच्चा अपना घरौंदा छोड़, उड़ने के लिए तैयार हो जाता है, उस समय जो मनोस्थिति उसकी माँ की होती होगी बिल्कुल वैसी ही मनोस्थिति को आज मैं अनुभव कर रही थी। ये लम्हा हर माता पिता के जीवन में कभी ना कभी ज़रूर आता है।

उस लम्हे में, उस बच्चे के साथ बिताए हर छोटे से छोटे लम्हे की तस्वीर आँखों के आगे घूमने लगती है। वो सारी भावनाएं, वो सारा प्यार एक बार दोबारा जीवित होने लगता है। ये एहसास कितना सुखद या कितना दुखद होता है उसको समझा पाना बहुत कठिन है। इसको समझने के लिए स्वयं इसका अनुभव होना ज़रूरी है।

जन्म से लेकर अब तक का सफर एक बार दोबारा जीवित हो जाता है। माँ बच्चे के खाने पीने, खेलने, स्वच्छता, गृह कार्य, स्कूल से लाना ले जाना के सारे काम स्वयं ही करती है। ये सब करते हुए वो कभी नहीं थकती। ये सब करने में उसे जो खुशी मिलती है वो उसके चेहरे पर साफ नज़र आती है। उसे ये भी लगता है, कि उस से बेहतर ये सब कोई और नहीं कर सकता हैं। इसी को शायद माँ की ममता कहते हैं। उसकी ये दिनचर्या ही उसका जीवन है, जिसे वो सालों साल जीती है। पिता का भी अपना फर्ज होता है। वो बच्चे की ज़रूरतों को पूरा करने के लिए दिन रात मेहनत करता है। उनकी व्यस्तता इतनी होती है, कि वो बच्चों को उनके प्रति अपने प्रेम को दिखा ही नहीं पाते। पर वो ये सारी मेहनत अपने परिवार को हर सुख सुविधा उपलब्ध कराने के लिए ही करते हैं। पिता का ये योगदान कई बार नज़रंदाज भी हो जाता है।

माता पिता दोनो की कोशिश से ही परिवार खुशहाल बनता है। बचपन में बच्चे को उसकी उंगली पकड़ कर एक एक कदम चलना सिखाना, सही गलत की पहचान कर सके ये ज्ञान कहानियों के जरिये सिखाना, सही संस्कारों से परिचय करवाना, अच्छे से अच्छे स्कूल में शिक्षा दिलावाना ये सारी मेहनत से ही एक अच्छे किरदार ही नींव रखी जाती है। पूरा परिवार इस कार्य में जुट जाता है। नियमों का पालन करना, शिक्षा की

एहमियत को समझना सभी कुछ बताया जाता है। ये सब कुछ एक आदत सी बन जाती है। इस प्रक्रिया में कई बार कठोर भी बनना पड़ता था, और कभी कभी तो अति कठोर भी। ये सब उस शिक्षा का ही हिस्सा होता है। माता पिता की सोच होती है कि उनका बच्चा जब समाज में जाए तो वो अपनी एक अलग पहचान बना पाए। इसके लिए उसकी पूरी तैयारी होनी चाहिए। जिस तरहा जब एक सैनिक मैदाने जंग में उतरता है तो वो पूरी तैयारी के साथ ही उतरता है। बिना तैयारी के कोई जंग नहीं जीत सकता। जीवन भी तो एक जंग ही है अपने लक्ष्य को पाने की, तो वो बिना तैयारी के कैसे जीती जा सकती है?

वक्त तो अपनी रफ्तार से बढ़ता जाता है। जो बच्चा अपनी हर छोटी से छोटी बात के लिए माता पिता की ओर देखता था, आज अपनी नई सोच के साथ आगे बढ़ने लगता है।

मनुष्य एक सामाजिक प्राणी है। अब वो बच्चा समाज में उठने बैठने के तरीकों को अपनाने लगता है। अपनी शिक्षा से अपनी नई राह को चुनते हुए आगे बढ़ने लगता है। खट्टे मीठे अनुभवों का ज्ञान ले वो जीवन पथ पर चलने लगता है, इस सफर में माता पिता द्वारा दिये गए संस्कार बहुत सहायक सिद्ध होते हैं। उन संस्कारों की डोर थामे रखने से कई मुश्किलें आसान हो जाती हैं और कठिन सफर भी आसान लगने लगता है।

अब वो अपनी तरक्की की राह पर चल पढ़ता है। अपनी इस कोशिश में कई बार माता पिता से दूर भी जाना पड़ जाता है। बच्चे अपनी मेहनत और कोशिशों में इतने व्यस्त हो जाते है कि माता पिता नज़रंदाज हो जाते हैं।

अब वो माता पिता की छाया से भी दूर हो जाता है। इस दुनिया रूपी जंगल में अपनी पहचान बनाने निकल जाता है। अब उसकी हर शिक्षा को दुनिया की कसौटी पर परखा जायेगा। सही और गलत में फर्क की परीक्षा कुदरत लेती है। अपने मूल्यों में अपनी दृढ़ता का सुबूत भी उसे देना होगा। इन परिस्थितियों में उसे वो सारे सबक याद रखने होंगे जो कड़े परिश्रम से उसके माता पिता ने उसे सिखाए थे। ये वक्त उसे ये भी सिखायेगा कि अपनी गलतियों का खामियाजा अकेले ही भुगतना होता है।

ये वक्त ये भी याद दिलायेगा कि किस तरहा माता पिता की छाया में उसे कभी किसी बात की चिंता नहीं थी। ये भी एहसास होता होगा, कि उन्होंने कभी अपने कष्ट और दुःखों को उस तक पहुँचने नहीं दिया। अपनी हथेली का छाला बना कर रखा। बिना कीमत कुछ हासिल नहीं किया जा सकता है इस का भी अंदाजा होने लगता है।

माता पिता को बच्चों की परवरिश करते वक्त ये बात का खास ध्यान रखना चाहिए कि ये बच्चा कल समाज के निर्माण में अपना योगदान देगा। यदि उसे सही ज्ञान, सही संस्कार और सही समझ नहीं दी गयी तो वो किस तरह का इंसान बनेगा ये तो वक्त ही तय करेगा। उसकी योग्यता और कुशलता से जो सफलता उसे प्राप्त होगी वो केवल उसकी सफलता नहीं बल्कि पूरे समाज की सफलता होगी। उसके यश से केवल उसका नहीं उसके माता पिता का भी गौरव बढ़ेगा। हर माता पिता का ये पहला कर्तव्य होता है कि वे अपने बच्चों को समाज के प्रति उनके दायित्व को सिखाएं और समझाएं। यदि हर माता पिता अपने इस दायित्व को निभाएंगे तभी तो बच्चों का और समाज का भविष्य उज्वल होगा। ये ही तो सच्ची देशभक्ति होगी।

पड़ोसी

जी हाँ, हमारे पड़ोसी, आज इस विषय पर लिखने का मन कर रहा है। और ये कोई अचानक से उठने वाला ख़्याल नहीं था। इसकी प्रेरणा मुझे हमारे ही एक पड़ोसी से मिली है। और यदि ये लेख किसी एक भी व्यक्ति को पसंद आ गया तो में उस पड़ोसी का तहे दिल से शुक्रिया अदा करूंगी।

चलिए फिर शुरू करते हैं। हुआ कुछ ऐसा, सुबह का मेरा नाश्ता चल रहा था और साथ साथ में कुछ लिख भी रही थी। अचानक से एक बकरी की आवाज़ कानों में पड़ी। ये आवाज़ पिछले कुछ दिनों से लगातार सुनाई दे रही थी, परंतु इसकी उत्पत्ति कहाँ से, और क्यूँ हो रही थी ये एक रहस्य ही था। एक बात मैं यहाँ स्पष्ट करना चाहूँगी और वो ये कि हम किसी गाँव खेड़े में नहीं रहते। एक अच्छे साफिसटिकेटेड सोसाइटी के रहवासी हैं। इस सोसाइटी में तकरीबन ३०० और परिवार भी रहते हैं। कुत्ते, बिल्ली पालने का फैशन तो पुराना है पर बकरी और वो भी सोसाइटी में, ये विचार कुछ हजम नहीं हो पा रहा था। पर आवाज़ तो आ रही थी, इस बात को भी झुठलाया नहीं जा रहा था।

मेरी समझ से परे की बात थी ये। पर जिन व्यक्ति के घर से इसके आने की संभावना दिख रही थी वे कुछ अजीब किस्म के व्यक्ति हैं। कभी कभी तो ऐसे मिलते मानो आपके होने की ख़ुशी इनके अलावा और किसी को हो नहीं सकती, और कभी ये आलम होता है कि तुम कौन और मैं खामखा। और फिर किसी दिन अपने पूरे अधिकार के साथ आपके दरवाज़े पर आकार खड़े हो जाएंगे किसी चीज को मांगने, और फिर आप उनकी उम्र का लिहाज रखते हुए उन्हें मना भी नहीं कर सकते। ये लेख लिखते लिखते बकरी की आवाज़ तो आना बंद हो गई पर अब शंख की आवाज़ आने लगी थी।

पड़ोसियों का हमारे जीवन में बड़ा महत्व होता है। इसीलिए जब भी कोई व्यक्ति मकान खरीदने जाता है तो सबसे पहले ये देखता है कि उसका पड़ोसी कौन है, कैसा है। सुख में दुःख में जो सबसे पहले आपकी मदद को आता है वो होता है आपका पड़ोसी। अपने आस पड़ोस में सदा प्रेम बना

रहना चाहिए। सुबह शाम जिनका सामना करना हो उनसे आप नाराज़गी नहीं रख सकते। ऑफिस के लिए निकलते समय सबसे पहल जो आपको नज़र आते हैं वे होते हैं आपके प्रिय पड़ोसी। उनके प्रति किसी भी प्रकार की कटुता आप नहीं पाल सकते, इसलिए मधुरता में ही समझदारी होती है। दो लाइनें इस संदर्भ में-

आओ मिल जुलकर जीवन सरल बनाएं,
बन जाएँ मिसाल जो, ऐसा पड़ोस सजायें।

कई रिश्तों की शुरुवात पड़ोस से ही होती है। आप सबसे पहले चाचू पड़ोसियों के बच्चों के ही बनते हैं। दीदी ये शब्द भी आपको सबसे पहले पड़ोस के ही बच्चे बुलाते हैं। जब भी आपके घर कोई नई डिश बनती है तो वो सबसे पहले पड़ोस में रहने वाली भाभी को टेस्ट करवाई जाती है, जब वो ओके कह देती है तब आप सबको खिलाते हैं। उनके घर में भी जब किचन में कोई नया प्रयोजन किया जाता है तो वे सबसे पहले आपको देने आती हैं, और फिर खाली बर्तन ना लौटाने की प्रथा का पालन करते हुए आप भी उनके बर्तन में कुछ अच्छा सा डाल कर उनका बर्तन उनको लौटा देते हैं। क्या कोई बता सकता है कि ये प्रथा की शुरुवात किसने और कब की होगी? और यदि पड़ोसी न होते तो शायद ऐसी किसी प्रथा की शुरुवात भी नहीं होती। ये एक छोटी सी आदत भी हमें बहुत कुछ सिखा जाती है। ये सारी बातें ही तो हमारा चरित्र बनाती हैं।

शाम की चाय की भी क्या बात होती है। बैठ जाती है गृहणियाँ, और फिर शुरू होता है सिलसिला कई सारी बातों का कुछ इधर उधर की तो कुछ अपने ही पारवार की। बहुत सारी ऐसी बातें भी होती हैं जो आप किसी और के साथ नहीं कर सकते। पड़ोस, आपका एक एक्स्टेंडेड होम होता है। जहां जाने के लिए किसी की इजाजत की ज़रूरत नहीं होती। ऐसे में वो वक़्त याद आ रहा है जब इंडिया और पाकिस्तान का मैच होता था। सड़कों पर कर्फ़्यू लग जाते थे। आस पड़ोस में भी सन्नाटा सा हो जाता था। दिन भर चाय चल रही होती, कहाँ बैठे हैं, चाय नाश्ता कहाँ से आ रहा है इससे किसी को कोई मतलब नहीं होता। पूरी सोसाइटी एक घर जैसे बन जाती।

ऐसा ही त्योहारों में भी होता। सच में पड़ोसी तो केवल नाम के ही पड़ोसी होते हैं, होता है वो भी आपका ही परिवार। एक मुख्य बात जो अगर यहाँ न कही गई तो ये लेख अधूरा ही रह जाएगा। इस सब में जाति और धर्म का कोई लेना देना ही नहीं होता। पड़ोसी केवल एक परिवार ही होता है बिल्कुल आपके परिवार की ही तरह। एक सुलझा सा परिवार जो कब आपके परिवार का ही नहीं बल्कि आपके जीवन का भी एक अटूट हिस्सा बन जाता है। ये मेरा यकीन है आप चाहे जहां चले जाएँ पर अपने इस परिवार को कभी नहीं भूल सकते।

शुरुवात में जिस आवाज़ का जिक्र मैंने किया था उसके प्रति मेरी उत्सुकता अपनी परम सीमा तक पहुँच चुकी थी कि आखिर ये कैसी आवाज़ थी। क्या वाकई ये बकरी की ही आवाज़ थी, या मेरा कोई भ्रम था। आखिरकार मैंने पता लगा ही लिया, अपनी इस सफल कोशिश का बखान करके मैं आपका वक़्त बर्बाद नहीं करूंगी। पर ये ज़रूर बताऊँगी वो कैसी और किसकी आवाज़ थी। तो अपना दिल थाम कर सुनिए ये अद्भुत राज, वो आवाज़ थी एक नज़रअंदाज़ किए हुए पंखे की। उसका ये रुदन उसके मालिक के अलावा सभी सुन पा रहे थे। कई समय से वो अपनी इस करुण आवाज़ में अपना दुःख बयान कर रहा था। जब भी उसे चलाया जाता तो वो अपनी पीढ़ा बयान कर देता। उसके प्रति अपनी सहानुभूति को जताते हुए इए लेख को समापन की ओर ले जाती हूँ। आपके कीमती समय का बहुत बहुत धन्यवाद, कृपया अपनी राय ज़रूर दीजिएगा।

बड़ी उम्र के छोटे छोटे काम

पिछले कुछ हफ्तों से घर पर कुछ काम चल रहा था। कुछ चीज़ें मरम्मत मांग रहीं थी, तो कुछ नई भी बन रहीं थी। घर में सब तरफ धूल मिट्टी और लकड़ी का बुरादा फैला हुआ था। इसी चक्कर में दिन में दो दो बार सफाई करनी पड़ रही थी। एक बार की सफाई में ही जब हालत खराब हो जाती है तो दो दो बार की सफाई में क्या हालत होती होगी इसका अंदाज़ा गृहणियाँ लगा सकती होंगी। खैर, कहते हैं ना कुछ पाने के लिए कुछ देना भी पड़ता है। स्वभाव का चिढ़ चिढ़ा होना स्वाभाविक ही था पर खुद पर नियंत्रण रखने की कला इतने सालों में थोड़ी बहुत तो आ ही गई थी। इसे और सुधारने का एक मौका मिला था।

जो कारपेंटेर हमारे घर पर काम कर रहे थे वे काफी बुजुर्ग थे। उनकी उम्र करीब करीब 70 साल की होगी। इस उम्र में भी ये सब कुछ अकेले ही कर रहे थे। उनका स्वभाव बड़ा ही विनम्र था। बड़ी ही धीमी आवाज़ में वे बात करते। उनके इस गुण को देख में खुद को समझाती, कि वे भी तो इस उम्र में इतनी मेहनत का काम कर रहे हैं। अकेले सब कुछ कर रहे हैं, फिर भी उन में कितनी विनम्रता है। जीवन में अपने आस पास ही या अपने संपर्क में आने वाले लोगों से ही हमें बहुत कुछ सीखने का मौका मिलता है। ये अनुभव हमें खुद को बदलने में सहायक होता है। ज़रूरत है तो केवल उन्हें देखने, समझने और अपनाने की। एक छोटा सा बदलाव हमारे जीवन में बहुत बड़ा अंतर ला सकता है, हमें और बेहतर बना सकता है।

इन कारपेंटेर ने पहले भी हमारा काम किया था, कुछ सालों पहले। उनका काम बहुत ही अच्छा था। वे अपने काम को पूरे समर्पण से करते। उनके काम और स्वभाव की वजह से ही तो उन्हें दोबारा बुलाया था।

15 दिन हो चुके थे उन्हें काम करते, कभी जब ज़्यादा मुश्किल काम होता तो वे अपने बेटे को साथ ले आते। उनका बेटा भी उन्हीं की तरह शांत और शालीन स्वभाव का था। दोनों में बड़ा सामंजस था। एक साथ घंटों काम करते पर कोई ऊँची आवाज़ नहीं आती, ना ही कोई मतभेद होता। पिता बेटे से

कुछ करने को कहते और वो तुरंत उसे कर देते। ये दृश्य भी कम ही देखने को मिलता है आजकल। ये सब देख इस बात का भी अंदाज़ लग गया था कि उन्होंने अपने बेटे को अच्छी कारीगरी के साथ साथ अच्छे संस्कारों की भी विरासत दी है।

एक दिन की बात है, आज वे अपने बेटे को साथ लाए थे। सुबह में जैसे ही वे आए उन्होंने अपने बेटे को अपना काम दिखाया और कहा, 'ये देखो, ये सारा मैंने अकेले ही किया है।' इतना कहते ही उनका चेहरा ख़ुशी और गर्व से चमकने लगा। बेटा उनकी इस बात पर कुछ नहीं बोला केवल उन्हें देख मुस्कुरा दिया। मैं वहीं कमरे के बाहर खड़ी ये सब देख सुन रही थी। उस समय मैं वहाँ से चली गई और वे दोनों अपने काम में लग गए।

जब मैं किचन में काम कर रही थी, उनकी बात मुझे बार बार परेशान कर रही थी। मैं समझ नहीं पा रही थी की उन्होंने अपने बेटे से ऐसा क्यों कहा कि, ये देखो ये सारा मैंने अकेले ही किया है। ऐसा काम तो वे सालों से कर रहे थे, या शायद इस से भी बड़े बड़े काम किये होंगे। फिर आज उन्हें इतना गर्व किस बात का हो रहा था। थोड़ी मशक्कत करके मैंने इस पहेली को सुलझा लिया।

इस पहेली का जवाब कुछ ऐसा था– पहले जब वे काम करते थे तब वे इतने बुजुर्ग नहीं थे। तब वे ऐसे काम करने में काफी सक्षम थे। उम्र कम होगी तो ताकत ज़्यादा होगी, हिम्मत भी दुगुनी होगी ओर तेजी भी। इससे आधे समय में ही वे कई गुना ज़्यादा काम कर लेते होंगे। पर अब जब उम्र बढ़ चुकी थी तो ताकत कम हो गई थी, तेजी और रफ्तार भी तो धीमी हो चुकी थी। इतनी सारी चुनौतियों के बीच रहकर जब आप कोई काम करते हैं तो उसकी भी एक अलग शान होती है। जिस उम्र में शारीरिक मेहनत को सोच कर ही थकान हो जाती है, उस उम्र में इतनी मेहनत का काम करना वाकई गर्व की बात होती है। पहले इसी काम को करने से पहले उन्हें सोचना नहीं पड़ता होगा, परंतु आज उन्हें सोचना पड़ता होगा कि क्या कैसे करेंगे, कर भी पाएंगे या नहीं। उन्हें अपनी इसी कामयाबी का गर्व था कि उन्होंने हिम्मत की और वे इस काम को पूरा कर पाए।

अपने बेटे से इस बात को कहने का तात्पर्य केवल इतना ही होगा कि– मुझमे आज भी हिम्मत और हौंसला है

काम करने का। वे केवल अपनी इस कामयाबी को बेटे के साथ बांटना चाहते होंगे। खुद की थोड़ी सी प्रशंसा कर वे अपने मनोबल को ताकत देना चाह रहे थे। खुद पर उनका ये विश्वास ही उनसे ये काम करवा पाया। इंसान तब नहीं हारता जब कोई उसे हराता है, इंसान तब हारता है जब वो खुद की कमजोरियों से हारता है।

उम्र का ये पड़ाव बहुत ही संवेदनशील होता है। शरीर धीमे धीमे अपनी गति को कम करने लगता है। हौंसले भी दम तोड़ने लगते हैं, खुद पर विश्वास भी डग़मगाने लगता है और भी कई ऐसी चुनौतियों का सामना करती है ये उम्र। कुछ तो नज़र आती है, पर कुछ अंदर बहुत गहरे में रहती है।

इस मुश्किल दौर में यदि कोई आपके साथ आपकी हिम्मत को न बँधाये, तो खुद ही ये काम कर लिया करें। ये जीवन आपका है इसे कैसे जीना है ये आप तय करेंगे। केवल सकारात्मक सोच ही आपको इस मुश्किल वक़्त से बाहर निकाल सकती है।

जहां होगी एक सकारात्मक सोच,

वो जीवन कभी न होगा किसी पे बोझ।

एक कोशिश

देर रात हो गई थी, किसी वजह से नींद नहीं आ रही थी। कुछ न कुछ ख़्याल आते जा रहे थे। अचानक ही बड़ी अजीब सी आवाज़ कानों में पड़ने लगी। उठकर मैं उस आवाज़ की तरफ बढ़ने लगी।

आस पास की सभी जगहों को देख 'मन का वहम होगा', ऐसा लगा। मैं सोने का मन बनाकर बिस्तर पर लेट गई, पर मानो नींद ने तो आज कसम खा रखी थी, ना आने की। दोबारा वही आवाज़ सुनाई दी, उस आवाज़ को सुन थोड़ी घबराहट सी महसूस होने लगी क्योंकि मैं घर पर बिल्कुल अकेली थी। नींद ना आने की एक वजह ये भी तो थी। मैं फिर उस आवाज़ को ढूँढने लगी।

धीरे धीरे आवाज़ तेज होने लगी थी। मानो कुछ लोग आपस में गुफ्तगू कर रहे हो। पर घर पर तो कोई नहीं था। मैंने इसी डर में कई बार पूरे घर की तलाशी ले ली थी। बड़ी अजीब सी बात हो रही थी। में दबी आवाज़ में पूछने लगी –"कौन है? कौन है?'। पर कोई जवाब नहीं आया, घबराहट और डर से मेरे पसीने छूटने लगे। रात के इस पहर में किसी को बुलाया भी नहीं जा सकता था, सभी अपने अपने घरों में गहरी नींद में सो रहे होंगे। खिड़की से नीचे देखा तो चौकीदार भी अपनी सीट पर नहीं था।

असमंजस्ता में अपने कमरे में आकार पलंग पर बैठ गयी। कमरे की सारी बत्तियाँ जला कर, कमरे का दरवाजा अंदर से बंद कर लिया। सोचा जो भी होगा बाहर से ही कुछ खा पी कर चला जाएगा। अचानाक एहसास हुआ की ये आवाज़ तो कमरे के अंदर से ही आ रही थी। डर बढ़ता जा रहा था, इससे पहले की मैं ज़ोर से चिल्लाकर अपना डर भगाती दूर हल्की हल्की हंसी की आवाज़ कानों में पड़ी। नज़रें अपने आस पास उस आवाज़ को ढूँढने लगी। जैसे ही मेरी नज़र अलमारी से टकराई, तो दोबारा वही हंसी सुनाई दी। लगा अलमारी में ही कोई था, पर कौन और कैसे गया अलमारी तक?

खुद को हिम्मत बँधाने लागी। उठकर अलमारी की तरफ जाने का एक मज़बूत फैसला किया। लड़खड़ाते कदमों से पलंग

से उतरने की कोशिश को कामयाब होता देख, थोड़ी ही सही पर हिम्मत आने लगी थी। पलंग से अलमारी तक का रास्ता अचानक से बहुत लंबा हो चुका था, ये सफर तय करना इतना मुश्किल कभी न था। एक एक कदम मानो सौ सौ किलो का वजन उठाए चल रहे थे। इतना कष्ट करके मैं सिर्फ चार कदम ही चली थी, कि मेरी साँसे उखड़ने लगीं। जैसे तैसे खुद को संभाल आगे बढ़ने लगी। गला भी सूख गया था, अब अगर उस अलमारी में से कोई निकला भी तो मैं चिल्ला भी नहीं पाऊँगी ये मुझे पता था। बड़ी ही अजीब परिस्थिति थी। सोच कदमों को रोक रही थी, पर उत्सुकता कदमों को आगे लिए जा रही थी।

इस दुविधा को पार कर, मैं अलमारी के करीब पहुँच चुकी थी। अलमारी के करीब पहुँचने पर आवाज़ें साफ साफ सुनाई देने लगीं थी, पर समझने के लिए अलमारी का दरवाजा खोलना ज़रूरी था। किसी के भीतर होने का डर, और अगर उस व्यक्ति के पास हथियार हुआ तो ये सभी ख़्यालों से मेरे हाथ कांपने लगे थे। सोचा, जो होगा देखा जाएगा, कम से कम इस दुविधा और डर से मुक्ति तो मिलेगी।

जैसे ही मैंने दरवाजा खोलने के लिए अपने कांपते हाथों को आगे बढ़ाया, उसी समय फिर किसी के हंसने की आवाज़ आई। इससे पहले कि मैं कुछ कहती अंदर से आवाज़ आई 'सुनो लगता है आज कोई घर पर नहीं है। बड़े दिनों बाद आज हम सब खुलकर बातें कर पाएंगे, है ना?' इस पर दूसरे ने जवाब दिया हाँ हाँ बिल्कुल ! दिन भर तो इतना शोर रहता है कि हम एक दूसरे की बात सुन भी नहीं पाते। और ज़्यादा ज़ोर से बात भी नहीं कर सकते, कहीं किसी को पता चल गया तो?' इस पर दोनों खिल खिला कर हँसने लगे।

मेरे आश्चर्य की कोई सीमा ही नहीं थी, ये सब सुन मैं बिल्कुल स्तबद्ध हो गई थी।। अलमारी के दरवाज़े से (जो खुल रखा था) ये सब देख मुझे यकीन ही नहीं हो रहा था। मैं अलमारी के भीतर देख पा रही थी, पर शायद अंदर से मुझे कोई नहीं देख पा रहा था, ये केवल मेरा एक अंदाज़ा ही था।

फिर एक बड़ी ही मीठी आवाज़ आई, 'लगता है कोई तो घर पर है। फिर किसी ने जवाब दिया, 'अरे नहीं ! कोई नहीं है, ये सिर्फ तुम्हारा वहम है। दोनों इस पर हंसने लगे।

हल्की सी और कोशिश से मैंने देखा, मेरे दो कुर्ते आपस में एक दूसरे को देख हंस रहे थे। इस अजीब दृश्य को देख इस पर यकीन कर पाना मुश्किल था। इस मंज़र को देख अभी मैं कुछ संभली भी नहीं थी कि अचानक ही दूसरे कोने से आवाज़ आई, 'आप दोनों जरा अपनी आवाज़ को धीमे रखो। अगर कोई घर में हुआ तो हमारी पोल खुल जाएगी। फिर जो होगा उसकी जिम्मेदारी तुम दोनों की ही होगीश। ये सारी बातें मेरी साड़ी कह रही थी उन दो कुर्तों से। ये सब बहुत ही अजीब और यकीन से परे था।

इन बातों को सुन मेरी उत्सुकता बढ़ने लगी थी। क्या वाकई मेरे सभी कपड़े आपस में बातें कर रहे थे। खुद को यकीन दिलाने के लिए मैंने खुद को ज़ोर से एक चींमटी काटी। ये सब सच था इसका यकीन हो गया था, क्योंकि मैंने खुद को बड़ी ज़ोर से चींमटी काटी थी। साड़ी की बात सुन दोनों कुर्ते शांत हो गए थे। मेरी उत्सुकता अपनी चरम सीमा पर थी, अब मैं उनकी सारी बातें सुनना चाहती थी, इसलिए में चुप चाप वहीं कान लगा कर खड़ी हो गई।

अब कुर्ता बड़ी ही धीमी आवाज़ से बोल, 'कितने दिन हो गए है, मैं कहीं घूमने नहीं गया हूँ' ये कह कर बड़ा मासूम सा चेहरा बना लिया था उसने। इस पर दूसरा कुर्ता बोला, 'मैं भी तो कहीं नहीं गया बड़े दिनों से। वो जो नये कुर्ते आए हैं ना, ये सब उनकी वजह से ही हो रहा है। ना तो हम कहीं जाते हैं और ना ही हमारी सफाई हो रही है। देखो मैं कितना गंदा सा हो गया हूँ। आजकल तो सुनीता उन नये कुर्तों को ही पहनती है।

उनके मुंह से अपना नाम सुन कर मुझे बड़ा अच्छा लग रहा था। मेरे चेहरे पर हल्की मुस्कान आ गई थी और डर कहीं भाग गया था। बिना अगला पल गंवाए मैं उनकी बातें सुनने लगी।

पहला कुर्ता बोल, 'सुनीता ने बिलकुल नये डिजाइन और फैशन के कुर्ते लिए हैंश। इस पर दूसरा बोला, 'तो क्या वो अब हमें कभी नहीं पहनेगी? क्या वो हमें कूड़े में फेंक देगी?' बड़ा रूआँसा होकर बोला।

साड़ी ने बीच में आकार अपनी समझदारी का सबूत दिया, उसने कहा, 'अरे नहीं नहीं, कूड़े में क्यों फेंकेगी? तुम तो

अब भी बहुत आकर्षक हो। वो तुम्हें ज़रूर पहनेगी'। ये सुन कुर्ते के चेहरे की मुस्कान लौट आई थी।

अचानक किसी के खाँसने की आवाज़ आई। कहीं किसी कोने में दबी पड़ा एक बहुत ही पुराना लहंगा बोला, 'मुझे तो उसने कई सालों से खोल कर तक नहीं देखा है। मुझे उसने अपनी शादी में पहना था। शादी के बाद जब भी वो किसी पार्टी में जाती तो मुझे ही पहनती, सब उसकी बड़ी तारीफ करते। कहते कि वो बहुत ही सुंदर दिखती और अब तो बड़ा लंबा अरसा हो गया है मुझे रोशनी देखे, ताजी हवा में गए। मानो मुझे भूल ही गई हो। कुछ दिनों में या तो मेरा दम यहीं निकल जाएगा या फिर मुझे देकर वो कोई बर्तन ले लेगी। मेरा शायद यही अंत होना है।

ये सब सुन मुझे बहुत बुरा लगा। ये सभी कपड़े मुझे बहुत ही प्रिय थे, इनसे मेरी बहुत सारी यादें जुड़ीं थी। उनके प्रति मेरी भी कोई जवाबदारी थी, ये बात मैं कैसे भूल गई। इनका ध्यान रखना, या तो इन्हें किसी ऐसे व्यक्ति को दे देती जो इन्हें बहुत ही प्यार से पहनता, खुश होता और मुझे दुआएँ देता। अपनी इस बेपरवाही पर मुझे बड़ा दुःख था।

नये कुर्ते उस पुराने से दिखने वाले लहंगे को देख मुँह चिढ़ाने लगे। वे कहने लगे 'तुम अब आउट ऑफ फैशन हो गई हो, तुम्हारे जैसों को अब कोई नहीं पहनता। तुम्हारा वक़्त पूरा हो चुका है, आज हमारा वक़्त है। इस पर उस लहंगे ने जो जवाब दिया उसे सुन मैं भी सोच में पड़ गई, उसने कहा, 'बेटा, एक दिन तुम्हारा वक़्त भी तो पूरा होगा, फिर?' इस के बाद कब मेरी आँख लग गई मुझे पता ही नहीं चला, मैं वहीं अलमारी के पास ही सो गई।

अगली सुबह जब मेरी आँख खुली तो खुद को जमीन पर लेटा देख, हड़बड़ा कर उठ गई। उठते ही सबसे पहली बात जो मेरे दिमाग को परेशान करने लगी वो थी रात वाली बात। मैं खुद को यकीन दिलाने लगी कि कल रात मैंने जो कुछ देखा सुना वो सब सच था।

जब मैं चाय पीने बैठी तो वो सारी बातें अपने भीतर दोहराने लगी। वो कुर्ते का दुःख, और उस लहंगे की बात सब कुछ मुझे याद आ रही थी। इसके बाद जो सबसे पहला काम

मैंने किया वो था आपने सभी कपड़ों को अलमारी से बाहर निकाल कर उन्हें खुली हवा में कुछ समय के लिए छोड़ दिया। फिर एक एक को बड़े ही प्यार से उठाया और उनसे जुड़ी यादों को याद करने लगी। सभी मुझे प्रिय थे, पर समय के अभाव में नज़रंदाज हो गए थे। अपनी गलती का मुझे एहसास हो चुका था। मैंने सबको बड़े ही प्यार से तेह करके अलमारी में दोबारा रख दिया, और मन में ये ठान लिया कि सभी को बारी बारी से पहनूँगी।

मेरे शादी वाले लहंगे की हालत को देख मुझे खुद पर बड़ा गुसा आ रहा था। ये मैंने इसका क्या हाल कर दिया था। मैंने सबसे पहले उसको ड्राईक्लीन करवाया, जिससे वो बिल्कुल नया सा बन गया था। फिर मैंने उसे उन नये कुर्तों के बीच में रखा और मन ही मन उनसे कहा देख लो इसे ये आज भी तुमपर भारी है। इसकी खूबसूरती आज भी तुमसे कहीं ज़्यादा है। मैंने सोच लिया था कि मैं अपने इस प्रिय लहंगे को किसी ऐसे व्यक्ति को दूँगी जो इसकी कदर करेगा और इसे बड़े प्यार से रखेगा। तब मुझे याद आया, कि मेरे घर पर काम करने वाली की बेटी की शादी है अगले महीने, और मुझे पता है कि वो अपनी बेटी के लिए लहंगा लेना चाहती थी जिसके लिए उसने मुझसे कुछ पैसे उधार मांगे थे। हाँ, ये लहंगा उसकी बेटी को ही दूँगी। वो बहुत खुश हो जाएगी, और मेरे इस लहंगे को उसकी सही जगह भी मिल जाएगी।

जिस तरह इन बेजान चीजों को त्वज्जो की ज़रूरत होती है, उसी तरह हमारे जीवन में आने वाले व्यक्तियों को भी तो त्वज्जों की ज़रूरत होती है। अपनी रोजमर्रा की ज़िंदगी में हम इतने मस्त हो जाते हैं कि उन व्यक्तियों या उन रिश्तों को कभी याद भी नहीं करते जो किसी समय हमारे लिए सबसे एहम हुआ करते थे। जिनसे हमारी पहचान थी या फिर जिनके बिना जीने का तसव्वुर भी हमें परेशान कर देता था। याद कीजिए उस सभी रिश्तों को, उन लम्हों को जो आपने उनके साथ बिताए होंगे। कैसे हम उन्हें भूल के बैठे हैं। वो सब भी तो हमें याद करते होंगे। अपनी ज़िंदगी में हम इतने व्यस्त हो गए हैं कि उन्हें याद तक करने का वक़्त नहीं निकाल पाते। भूले भटके कभी याद आ भी जाए तो भी उनसे बात नहीं करते। एक संकोच में ही जीते हैं। यदि हम उन रिश्तों को

अपना थोड़ा सा वक़्त, थोड़ी से त्वज्जो दें तो वे रिश्ते दोबारा जी जाएंगे। एक कोशिश अपने मरे हुए रिश्तों को दोबारा जीवन देने की, करके तो देखिए, मेरा मानना है कि यदि ऐसा किया गया तो ये रिश्ते आपको आज उतना ही सुकून और ख़ुशी देंगे जो पहले कभी दिया करते थे। अगर चाहें तो उन रिश्तों को एक नया नाम देकर भी दोबारा जिया जा सकता है। रिश्तों की एहमीयत समझने वाले मेरी इस बात से ज़रूर सहमत होंगे- मेरा यकीन है।

एक कैंची

दुःख वो भाव है जो कभी भी किसी के भी पास बिन बुलाए चला जाता है। उसे कोई नहीं पुकारता है, क्योंकि हर कोई केवल सुख के साथ ही रहना चाहता है। खैर, हम अपने जीवन में कई प्रकार के साधनों का उपयोग करते हैं। जिनसे जीवन सरल और सुंदर बन सके। जैसे हम कई प्रकार और भिन्न भिन्न रंगों के वस्त्र पहनते हैं, अपने बालों को सवारने के लिए भिन्न भिन्न प्रकार की चीजों का उपयोग करते हैं। इन सब की लिस्ट बहुत ही लंबी है।

इसी क्रम में आज मेरी नज़र घर में इस्तेमाल में आने वाली कैंची पर पड़ी। आज कुछ खास करने को नहीं था, इसलिए अनायास ही उसकी ओर मेरा ध्यान चला गया। मैं बड़ी देर तक उसे एक टक देखती रही। बड़ी देर देखने के बाद मेरे मन में ये ख़्याल आया कि ये कैंची भी क्या चीज है। इसका जन्म केवल एक ही काम के लिए हुआ है। यह केवल काटने के लिए ही बनी है, इसका कोई और काम नहीं है। केवल चीजों को अलग करने के लिए ही इसका जन्म हुआ है। वैसे तो ये कोई अनोखी बात नहीं थी पर जब थोड़ी गहराई से सोचने लगी तो ख़्याल आया कि ये कैंची भी खुद के बारे में क्या सोचती होगी।

उसे भी शायद कभी इस बात का बड़ा दुःख होता होगा कि उसका जन्म केवल और केवल चीजों को काटने के लिए हुआ है। शायद वो भी कभी ये सोचती होगी कि 'काश उसका जन्म चीजों को काटने की बजाए चीजों को जोड़ने के लिए हुआ होता'। परंतु खुद को कितना विवश पाती होगी जब उसे ये एहसास होता होगा ये शायद कभी मुमकिन नहीं है। तब उसके दुःख की कोई सीमा नहीं रहती होगी जब उसे ये पता चलता होगा कि वो केवल और केवल एक ही कार्य के लिए बनी है।

मैंने पहले कभी इस प्रकार से नहीं सोचा। आज अचानक ही मन में ऐसे विचार आने लगे थे। उस कैंची के प्रति एक सहानुभूति सी उत्पन्न होने लगी थी। ऐसा लगने लगा था कि उसका दुःख भी कितना स्वाभाविक है। यदि मनुष्य भी केवल और केवल एक ही काम के लिए जन्मा होता तो उसका जीवन कैसा

होता। मनुष्य का जीवन तब कितना नीरस होता। हमारे जीवन में इतनी विविधता है फिर भी हम छोटी छोटी बातों से, छोटी-छोटी कमियों से कितने दुःखी हो जाते हैं। क्या हम एक पल को भी खुद को इस कैंची की जगह रख कर सोच सकते हैं।

मनुष्य जीवन विविधता का सागर है। मनुष्य ही वो प्राणी है जो केवल खुद के लिए ही नहीं पर दूसरों के लिए भी जी सकता है। वो केवल स्वयं ही खुश नहीं रह सकता, परंतु अपनी खुशियां कइयों के साथ बाँट कर उन्हें भी खुश रख सकता है। यदि आप स्वयं को अपने आस पास की ऐसी छोटी छोटी वस्तुओं की तुलना में देखेंगे तो आप को भी इस बात का एहसास हो जाएगा कि आप कितने खुशनसीब हैं। बात केवल इतनी सी है कि जीवन जीने के सही नज़रिए से ही जीवन खुशहाल बनता है। ये केवल एक नज़रिए की बात है।

चलिए अब इस कैंची के दुःख को दूर करने की कोशिश करते हैं। माना कि उसका जन्म केवल और केवल काटने के लिए ही हुआ है। तो उस कैंची को भी अपना नज़रिया बदलने की आवश्यकता है। इससे उसे अपने इस दुःख से अवश्य ही मुक्ति मिल जाएगी। उस कैंची को इस बात की खुशी होनी चाहिए की वो यदि कपड़े को काटती है तो उससे एक नये कपड़े का जन्म होता है। यानी एक नई ड्रेस का निर्माण होता है। यदि वो सूखी टहनियों को पौधों से अलग करती है तो वे उन पौधों को स्वस्थ तथा और सुंदर बनाने में सहायक होती है। काटना सदा कुछ कम करने का नाम नहीं होता, बल्कि काटना कभी कभी लाभदायक और ज़रूरी भी होता है।

यदि मनुष्य अपने अंदर से 'मैं' की भावना को काट दे, यदि अपने स्वभाव में से लालच, निंदा करना, क्रोध करना इन भवनाओं को काट दे तो वो एक मुकम्मल इंसान बन सकता है। बुरी सोच, बुरी भवनाओं को काटना सदा ही लाभकारी होता है।

यदि कैंची को इस बात का इल्म हो गया होगा तो वो कभी भी दुःखी नहीं रहेगी तथा खुशी खुशी अपनी जिम्मेदारियों का निर्वाह करेगी। एक और बात जो इस जगह पर लिखना बहुत ही महत्वपूर्ण है वो ये की, ये इस पर निर्भर करता है कि कैंची किन हाथों में है, क्योंकि कैंची खुद तो किसी चीज को नहीं काट सकती। उसे पकड़ने वाले हाथों पर ये बात निर्भर करती है कि वो इसका उपयोग किस पर और किसलिए कर रहा है।

एक मच्छर

बड़ा ही स्लिम ट्रिम सा प्राणी है ये मच्छर। अपने मुंह में डंक लिए फिरता है जहां जब भी उसे मौका मिलता है अपना काम कर जाता है। और फिर लोग हाथ पीटते रह जाते हैं। इसे मारने की कोशिश में हम ना जाने क्या क्या कर बैठते हैं। यदि वो चहरे पर आकर बैठ जाए तो हम खुद के मुंह पर ही एक जड़ देते हैं। पर वो तो अपनी मस्ती में कहीं और निकल चुका होता है।

मज़े की बात तो ये भी है कि ये प्राणी गुनगुनाता भी है। रात को बत्ती बंद होते ही वह आपके कानों में अपना मधुर गीत गुनगुना जाता है। या यूं कहें कि वो आपको चिढ़ा जाता है कि देख लो मैं अभी भी तुम्हारे आस पास ही हूँ। उसकी इस गुनगुनाहट से परेशान हो कर हम उसे हटा देते हैं, उसे उसका गीत पूर्ण करने का मौका भी नहीं देते। इस से क्रोधित हो वो तुरंत ही हमें पैरों में काट लेता है। यदि आप उसका पूरा गीत सुन लें तो शायद आप उसके इस क्रोध से बच पाएं, ट्राई करके तो देखें।

दिखने में चाहे छोटी क्यूँ न हो पर ये प्रजाति बहुत ही समझदार है। मज़े की बात ये भी है कि इनको भगाने के साधनों से भी इनकी दोस्ती हो चुकी है। जब आप अपने घरों के दरवाजे और खिड़कियों को बंद कर ऑल आउट या मौरटीन जैसे साधन लगाते हैं तो आप ये सोचते हैं कि इनसे घर के अंदर मौजूद सारे मच्छर मर जाएंगे। तभी अचानक आपका बेटा आपको दिखाता है कि पापा वो देखो ऑल आउट की मशीन पर दो मच्छर आपको देख रहे हैं। अब आप क्या करोगे, उस ऑल आउट की मशीन पर बैठे मच्छरों को मारोगे या खुद को। आप पहले मच्छर और फिर अपने बेटे का मुँह देखने लगते हैं। इस से तो ये बेहतर नहीं होगा कि आप भी उनसे दोस्ती कर लें। आपके ऊपर वो अपनी तशरीफ को रख आराम से बैठ जाएं और काटे भी नहीं। क्या ख़्याल है ?

कई बार तो ऐसा भी हुआ है कि बड़ी देर से आप इस शिकार को देख रहे होते हैं। आपको ये भ्रम होता है कि वो बिल्कुल बेखबर सा बैठा है, इस बात से कि कोई उसे ताड़ रहा है।

और जैसे ही आप अपने शिकार के करीब पहुंचते हैं और उस पर वार करते हैं वो तुरंत ही उड़ जाता है। एक मच्छर द्वारा शिकस्त को झेलना कोई आसान बात नहीं होती, आपको शायद ही इस बात का अंदाजा हो। हाँ ! पर अगर ऐसा कुछ आपके साथ भी हुआ हो तो आप समझ सकेंगे मेरा दुःख।

कई मच्छरों को तो बड़ी आसानी से जीवन दान मिल जाता है। बड़ी मशक्कत से आपने एक मच्छर को अपने हाथों में दबोच लिया और जैसे ही आपको लगा कि आपके शिकार ने अंतिम सांस ले ली होगी वो आपके हाथ के खुलते ही उड़ जाता है। ये बिल्कुल उसी तरहा हुआ, मानो आपने अपनी गर्ल फ्रेंड को अंगूठी पहनाई और आपका सपना टूट गया।

जिस तरहा कीड़े मकौड़े को जोड़ कर बोला जाता है, उसी तरहा मक्खी मच्छर को भी जोड़ा जाता है। मैं कई बार ये सोच में पड़ जाती हूँ कि आखिर ये जोड़े कौन बनाता है। वैसे ये प्रवृत्ति तो मनुष्य जाति में बहुत है। शायद ऐसी ही किसी सोच के व्यक्ति ने ये जोड़े बनाए होंगे। मैंने कभी भी मक्खी और मच्छर को एक साथ बैठ कर बातें करते हुए नहीं देखा है और ना हो दोनों को एक दूसरे में इन्टरेस्ट हो, ऐसा कभी फील किया ही।

अब इस गुफ्तगू को यहीं समप्त करती हूँ और अपने जीवन कार्य में अग्रसर होती हूँ। पर आप सभी इन दोनों से सावधान रहें क्योंकि ये दोनों ही मनुष्य जाति की सेहत के लिए हानिकारक है।

मेरी बगिया

छोटी सी ही सही पर बड़ी प्रिय है मुझे मेरी ये बगिया। छोटे बड़े, नए पुराने गमलों से सजी है ये बगिया। ज्यादा पुरानी भी नहीं, कुछ समय पहले ही शुरुवात हुई है इसकी।

कुछ ही पौधे थे पहले, जिनसे कोई खास लगाव ना था और न ही थे दिल के पास। फिर आया एक ऐसा पल जब बागबानी का चढ़ गया बुखार। घंटों यूट्यूब पर वीडियो देखे जाने लगे। बागबानी की सभी बारीकियों को जानने और समझने की होड़ सी लग गई। कभी कोई हाइड्रोपोनिक फार्मिंग की वीडियो तो कभी कुछ और। घर वाले भी मेरे इस शौक से अच्छे खासे परेशान होने लगे थे, पर मेरी इच्छा इतनी तीव्र थी की उसके आगे उनकी कुछ नहीं चल पाती। कई दिनों तक ये सिलसिला चलता रहा। अच्छा खासा ज्ञान अर्जित कर लिया था मैंने।

अब वक्त आ गया था की इस ज्ञान का उपयोग किया जाए, क्योंकि ज्ञान वही सफल कहलाता है जिसका उपयोग किया जाए। पक्का मन बना लेने के बाद, मैंने भी कुछ फल और फूलों के बीज लगाए। इसी तरह मेरे जीवन में बागबानी की शुरुवात हुई। इस में हमारे माली जी ने भी अपना योगदान दिया। सभी में खाद और ज़रूरत की सारी चीजें डाल दी। अब प्रतीक्षा होने लगी की कब इनमें से फल और फूल उगेंगे।

इसी क्रम में मैंने कंपोस्ट बनाना भी सिख लिया था। रसोई घर से निकलने वाली सब्जियों के छिलकों को इस्तेमाल कर इन्हे बनाया जाता है। इसको बनाना कोई मुश्किल काम नहीं है। मैं भी ये सब पहली बार कर रही थी इसीलिए काफी उत्साहित थी। धीरे धीरे घर के अन्य सदस्य भी इसका हिस्सा बनने लगे थे। उनके जुड़ने से मुझे बहुत प्रोत्साहन मिला। मेरे इस बागबानी के शौंक ने पूरे घर को जोड़ दिया था। ये एक ऐसा कार्य था जिसमें सभी का कुछ न कुछ योगदान था। कभी कोई पानी डाल देता पौधों में, तो कभी कोई कटाई छटाई कर देता। ये बगिया भी अब इस परिवार का हिस्सा बन गई थी। सुबह उठते ही हर कोई इनकी तरफ जाता, ये देखने की सब ठीक हैं ना, कहीं कोई नया फूल ना खिला हो या कहीं कोई पौधा सूख ना रहा हो।

जिस तरह परिवार के हर सदस्य की ज़रूरतों का ख्याल रखा जाता है, वैसे ही इनका भी ख्याल रखना होता है। समय पर पानी, खाद वगैरा दे कर। इनके बीच रहकर एक अलग ही सुख और सुकून का अनुभव होता है। यदि किसी भी वजह से कोई पोधा मुरझा जाता है, तो बहुत दुख होता है। उसे दोबारा जीवित करने की भी पूरी कोशिश की जाती है। इतना लगाव हो जाता है हर एक पौधे से।

हमारी सोच का, हमारे व्यक्तित्व को बनाने, संवारने और निखारने में बहुत बड़ा योगदान होता है। एक नहीं, बल्कि मेरे कई अनुभवों ने मुझे ये सिखाया है। जब से इन फूल पत्तियों से लगाव हुआ है, तब से अपने जीवन की हर बात को मैंने इनसे जोड़ना शुरू कर दिया है।

जैसा मेरा ये एक अनुभव, जो मुझे अभी कुछ ही दिनों पहले हुआ। एक शक्स जो मेरे साथ काम करते थे, उनका देहांत हो गया। ये एक बहुत बड़ा सदमा था मेरे लिए, क्योंकि हमने तकरीबन 13 सालों तक साथ काम किया था। इस सदमे से उभरना आसान ना था। इतने लम्बे समय तक साथ काम करते करते हम एक दूसरे को अच्छी तरह जानने और समझने लगे थे। एक सामंजस बन गया था। ज्यादा कुछ कहने की ज़रूरी ही नहीं पड़ती थी, बिना कुछ कहे ही सारे काम हो जाते। इतने सालों तक साथ काम करते हुए आप केवल एक कलीक नहीं रह जाते हैं, बल्कि आप एक परिवार के सदस्य के समान हो जाते हैं। बिल्कुल ऐसा ही रिश्ता बन गया था उनके साथ मेरा। जिस दिन उन्हें अंतिम बिदाई देने गई थी, तो वहां से लौटते समय कुछ गमले खरीद लिए थे, उनके नाम पर। उन पौधों को मैंने दूसरे पौधों के साथ रख दया था। इस तरह से मैंने उनके साथ अपने रिश्ते को सदा के लिए यादगार बना लिया। एक गमले में उनकी एक फोटो भी लगा दी। आप किसी को इस तरह भी श्रद्धांजलि दे सकते हो, ऐसा मैंने कभी नहीं सोचा था। इन पौधों के साथ ने ही मुझे ये ज्ञान दिया है, जिसके लिए में इनकी बहुत शुक्रगुजार हूं। इन पौधों के रूप मैं हम किसी को भी सदा के लिए जीवित रख सकते हैं।

इसी दौरान मेरे ससुरजी का भी स्वर्गवास हो गया। उनके शव पर जो गेंदे के फूल चढ़ाए गए थे, मैंने उनमें से कुछ फूल संभाल लिए थे। फिर उन्हें एक गमले में डाल दिए। आज

उस गमले में कई सारे गेंदे के फूल खिले है। उन्हे देख ऐसा लगता है, मानो वे इन फूलों के रूप में आज भी हमारे बीच मौजूद हैं। इस बगिया रूपी परिवार का हिस्सा वे सदा ही रहेंगे। इसी रूप में उनका आशीर्वाद सदा इस परिवार पर बना रहेगा।

मेरी इस बगिया में कई तरह के फूल खिलते हैं, जो पूरे घर को महकाए रखते है। इनकी सकारात्मक ऊर्जा से पूरे घर में सकारात्मकता बनी रहती है। भगवान की इस नेमत का मैं तहे दिल से शुक्रिया करना चाहती हूं। ये पौधे भी मेरा परिवार हैं, इस बात की मुझे बेहद खुशी हैं। इन्हे प्रेम करने से, इनका ख्याल रखने से हमें खुशी तो मिलती ही है, पर जो सबसे महत्वपूर्ण बात है वो ये की इनके प्रेम में किसी तरह का कोई छल नहीं, और ना ही कोई अपेक्षा। इनका प्रेम निस्वार्थ होता है। ज्यादा की हमसे ये उम्मीद भी नहीं करते। जितनी तवज्जो किसी भी घर के व्यक्ति को दी जानी चाहिए, केवल उतनी ही इन्हे देनी होती है। फिर ये तो इनका अधिकार हैं ना, क्योंकि ये भी तो परिवार का अटूट हिस्सा होते हैं।

कहानियों से सबक तक

कहानियाँ किसे पसंद नहीं होती? हर कोई कहानियों का कायल होता है। ये बात और है की उम्र के साथ साथ कहानियाँ बदलती हैं, और साथ साथ उनसे मिलने वाले सबक भी बदल जाते हैं। मेरा मानना है की बचपन में सुनी कहानियां सदा के लिए मन में बस जाती हैं, आप चाह कर भी उन्हे भूल नहीं पाते। इस लेख के माध्यम से मैं आज एक कहानी आप सभी के साथ साझा करना चाहती हूँ, शायद आपने ये कहानी न सुनी हो। बचपन की कहानियों का एक बहुत ही महत्वपूर्ण उद्देश होता और वो ये की सही विचारों और सही संस्कारों को बच्चों में इन कहानियों द्वारा स्थापित करना। ये एक सरल उपाय होता है बड़ी से बड़ी बात समझाने का, और यकीन मानिए ये उपाय अती कारगर है।

ये कहानी कुछ इस प्रकार है :

एक राजा था। बडा ही न्याय प्रिय और समझदार। उसकी प्रजा भी उसका बहुत सम्मान करती। अपने राज्य में ही नहीं बल्कि आस पास के सभी राज्यों के राजा भी उनका सम्मान करते। राजा बड़ा दानवीर तथा न्याय प्रिय था।

एक बार की बात है, राजा अपने घोड़ों के अस्तबल में घोड़ों का निरीक्षण कर रहा था। जिसके कारण उसके हाथ पैर और कपड़े गंदे हो गए थे। उस समय राजा वहाँ बिल्कुल अकेला ही था, की अचानक ही कहीं से एक साधु वहाँ पहुच गए। उन्होंने राजा से दान मांगा। राजा ने साधु से अनुरोध किया के वे कुछ समय बाद आकार दान ले ले क्यूंकी इस समय वे घोड़ों का निरीक्षण कर रहे है। पर साधु ने उनकी बात अनसुनी कर दी। वो बार बार राजा से कह रहे थे की वे उन्हे कुछ भी दे दें, पर उसी समय। धीरे धीरे बात बढ़ने लगी, राजा बार बार उनसे यही कहते की वे कुछ समय बाद आ जाए अन्यथा महल में जाकर किसी और से कुछ ले ले। परंतु साधु उनकी किसी बात को मानने को तयार ही नहीं हो रहे थे। उन्हे केवल राजा के ही हाथों से दान चाहिए था। साधु की इस जिद्द से तंग आकार, गुस्से में, राजा ने घोड़े की लीद साधु के

कटोरे में डाल दी। साधु वहाँ से चले गए। उनके जाने के बाद राजा को अत्यंत दुःख हुआ अपनी इस हरकत का, पर अब क्या किया जा सकता था। साधु तो अपना दान लेकर चले गए थे।

दिन महीने साल बीत गए, और राजा ये बात भूल गए। पर वक्त कहाँ भूलता है। एक दिन राजा जंगल में अपने सिपाहियों के साथ टहल रहे थे, की अचानक उन्हे बड़ी तेज दुर्गंध आने लगी। वे समझ ही नहीं पा रहे थे की ये किस चीज की गंध है। जैसे जैसे वे आगे बढ़ने लगे गंध और ज्यादा आने लगी थी। अब राजा से ये गंध सहन नहीं हो पा रही थी, उन्होंने अपने एक सिपाही को पता करने के लिए भेजा। कुछ दूरी से ही सिपाही दौड़ता दौड़ता आया और कहने लगा की वहाँ तो एक लीद का पहाड़ है। उसकी इस बात को सुन राजा और सभी सिपाही हंसने लगे। राजा ने कहा की ये कैसे हो सकता है, लीद का पहाड़ कैसे हो सकता है। अब उन्हे भी उत्सुकता होने लगी, उन्होंने कहा की वे स्वयं उस लीद के पहाड़ को देखना चाहते है।

जैसे ही राजा उस जगह पर पहुंचे, उन्हे अपनी आँखों पर यकीन ही नहीं हुआ। एक बहुत बड़ा लीद का पहाड़ था और उसके करीब ही एक साधु तपस्या कर रहे थे। राजा के आने की आहट से साधु की तपस्या टूट गई। राजा को सामने खड़ा देख उन्होंने राजा को प्रणाम किया और उनका स्वागत किया। परंतु राजा तो आश्चर्य की परम सीमा तक पहुँच चुके थे। उन्होंने सबसे पहले साधु से प्रश्न किया, की ये लीद का पहाड़ कैसे बना और किसने बनाया और क्यूँ। राजा की उत्सुकता देख साधू मुस्कुरा दिए। उन्होंने राजा से कहा की ये लीद का पहाड़ आपने ही बनाया है। इस पर राजा और आश्चर्य चकित हुए, उन्होंने कहा की नहीं मैंने तो नहीं बनाया है इसे। और मैं क्यूँ लीद का पहाड़ बनाऊँगा। इस पर साधु फिर मुस्कुराये, और कहा, 'जी राजन, ये आपने ही बनाया है। ये लीद आप ने ही मुझे दान में दी थी वर्षों पहले, जो आज बढ़ कर पहाड़ बन चुकी हैं।' राजा को साधु की बात पर यकीन नहीं हुआ। वे कुछ भी समझ नहीं पा रहे थे।

अचानक वे साधु के चरणों में गिर पडे, और कहने लगे, 'आप मुझे बताएं की ये सब कब और कैसे हुआ'। साधु ने तब सारी बात राजा को याद दिलाई। सारी बात सुन राजा साधु से अपने कीए की क्षमा मांगने लगे। वे बहुत ही

शर्मसार थे। साधु ने उन्हे कहा, 'ये वो दान है जो तुमने मुझे दिया था, और सालों में तुम्हारा दिया दिया दान बढ़ता चला गया। अब इसको खत्म करने का केवल एक ही उपाय है की तुम इसे ग्रहण करो'। राजा अपनी गलती की माफी मांगने लगे और साधु से याचना करने लगे की वे इसका कोई उपाय बताए।

इस पर साधु ने कहा की, 'समय के साथ साथ जैसे जैसे आपका का सम्मान बढ़ा, उसी तेजी से ये लीद का पहाड़ बढ़ता चला गया। अब अगर इस लीद के पहाड़ हो खत्म करना हैं, तो राजा को उतने ही बुरे कर्म करने होंगे। जितनी बुराई और निंदा लोग राजा की करेंगे, उतनी ही तेजी से ये पहाड़ खत्म होगा। केवल यही एक उपाय है इस लीद के पहाड़ को समाप्त करने का'। ये कह कर साधु दोबारा अपनी तपस्या में विलीन हो गए।

राजा बहुत दुःखी थे, अपनी की हुई गलती का उन्हे बहुत पछतावा हो रहा था। पर उन्हे जो उपाय साधु ने बताया था, उस पर अमल करने के अलावा उनके पास और कोई रास्ता भी नहीं था। वहाँ से आकार राजा ने सारे बुरे काम करने शुरू कर दिए। प्रजा भी आश्चर्यचकित थी, की राजा को अचानक ये क्या हो गया है। पर ये सब कुछ गुप्त तरीके से ही करना था, ताकी लोग राजा की बुराई करें। और हुआ भी वैसा। सब तरफ लोग राजा को बुरा कहने लगे, उसकी निंदा करने लगे। जैसे जैसे राजा का जस कम होने लगा, वैसे वैसे वो लीद का पहाड़ भी कम होने लगा। निराशा में घिरा राजा फिर उस साधु के पास गया, उसने देखा की लीद का पहाड़ समाप्त हो चुका था। अब केवल वहाँ उतनी ही लीद बची थी जो राजा ने साधु को दान में दी थी। साधु ने राजा से कहा की, ये सामाप्त नहीं होगी, क्यूंकी ये तो राजा ने अपने हाथों से साधु को दी थी। इस दान को तो उसे स्वयं ग्रहण करना होगा। अपना दिया हुआ दान और जीवन का बहुत बड़ा सबक लेकर राजा वहाँ से चले गए।

ये कहानी हमें ये सबक सिखाती है की–हमारा किया कर्म कभी भी हमारा पीछा नहीं छोड़ता। चाहे उसमें सालों क्यूँ ना बीत जाए, या चाहे युग ही क्यूँ न बीत जाए। अपने कर्मों का हिसाब सभी को देना होता है। वो चाहे इस जन्म में हो या किसी भी जन्म में।

www.ingramcontent.com/pod-product-compliance
Ingram Content Group UK Ltd.
Pitfield, Milton Keynes, MK11 3LW, UK
UKHW021657190726
13853UKWH00001B/318

9 789390 889747